# 経営組織・管理に関する一考察

土屋 翔 著

みらい

# まえがき

　経営学は、幅が広い学問であり、一つの分野を取り上げてもその中で対立が
多々起きている。一見、"何でもあり"のように思われるが、決してそうでは
なく、一つの論理のもとに各論は成り立っている。それは、「人間生活をいか
に向上させるか」である。経営学において、組織メカニズムの解明、経営戦略
の再現性や意思決定の厳密性などは、組織維持と目的達成のためであり、つま
るところ、社会への働きかけ、人間生活につながるのである。もちろん、各論
では科学としての厳密性の達成や、学問としての真理の追究などが優先される
ことはある。しかし、全体的に考えれば、経営現象を対象にしている以上、人
間生活に行き着く。すなわち、人間そのものが経営学の壁にもなり、対象にも
なるのである。

　系譜的に経営学を見てみると、ドイツでは経済学者から経営学は利潤追求の
学問であると非難を受けてきた。アメリカでは、管理に関わる資本家を含む管
理階級と労働階級の本質的な調和、人間的管理の実現可能性が問われていた。
今現在、経営学はこれらの非難、課題に応えることができているのであろうか。
おそらく、部分的には応えていると思われるが、理論的展開と実践的展開で異
なる。すなわち、理論的展開では応えているが、実践的展開ではほとんど応え
ていない。換言すると、必然的事象としての経営学では説明できても、偶然的
事象としての経営学では説明が困難な場合が多々ある。今日では、前者に重き
が置かれるが、後者も含めたものが経営学である。なぜならば、人間の学とし
ての経営学は両義的であり、答えが一つではないからである。

　多様な答えがある経営学の中でも、共通項を見つける必要がある。いわゆる、
原理原則である。1961年にクーンツ（Koontz, H.）が経営理論の多様性を指摘
した「経営理論のジャングル（The Management Theory Jungle）」から、今
日の経営学はどのような進化をたどったのであろうか。その後彼は、1980年に
「経営理論のジャングルは生い茂る一方」といった。そこから約40年たった今
でも、経営理論が統合（unified）と収斂（convergence）に向かう様子は見ら

れない。学問の経営学として枠組みを保持するためには、統合、収斂は避けて通れないと思われる。そこをつなげる要素、まとめる要素はまだ見つかっていない。ただし、人間生活の向上を目的としている点では一致しており、その主体は組織であることに、一定の共通項が見受けられる。

　組織論は、経営学の中でも最も重要な分野の一つである。経営学の各分野は、組織の存在を所与の前提にしている。例えば、経営戦略の策定やそのプロセスは組織の存在が前提であるし、会計も組織行動があることが前提である。このように、経営学の各分野は組織を所与の前提にして展開されている。また組織論は、その環境適応や維持のメカニズムなどが研究の中心である。つまり、組織論もその組織存在が所与の前提になることが多い。したがって、組織論でさえも、なぜ組織ができたのか、どのようにできたのかという根本的な問いに応えることは少なかったのである。特に組織境界研究は、組織形成そのものを明らかにする研究であり、組織存在の根本を説明する大きな要素の一つになる可能性が高いが、組織境界に関しては、まったく合意は取れていない。

　その組織を管理する管理者には、組織を俯瞰的に観察し、複数の被管理者のすべてを把握し、被管理者の関係性をも加味した十全的運営が求められる。しかし、現実的には管理者は人間であり、その人間の認識限界が十全性を制限するのである。結局は、管理者の意思決定は部分的な材料を拾い上げ、その時点で良いと思われる一時的な「解」しか選択することができない。これらの意思決定の目的は、組織の目的達成、組織維持である。目的達成のためには、組織が維持されていることが前提であるがゆえに、管理者の意思決定は、第一的には組織維持のためであるといえる。したがって、管理者は、組織維持が可能になるように、被管理者に対する働きかけをする必要があり、それと同時に外部作用としての結果を追求する必要もある。このようなメカニズムを認識し、うまく作用させることが管理者の役割といえる。

　そこで本書は、以上のような課題、メカニズムに関して全5章からアプローチを試みる。第1章は「管理の始まりと経営学」で、産業革命による組織的管理を系譜的に追い、創成期の日本経営学について考察している。第2章は「科学と経営学の性格」で、科学を「全体－部分」「実学－虚学」「必然－偶然」の

軸から考察し、経営学の性格の一考察を行っている。第3章は「組織境界に関する一考察」で、組織境界に関するこれまでの議論を振り返り、その部分性を指摘し、さらに生態学から組織境界を見る試みを行っている。第4章は「管理者の十全性に関する一考察」で、人間の限界性から意思決定過程における不完全性、目的と目的とは別に付随する結果に対する概念的整理を行っている。第5章は「経営学者による鼎談」で、本書で扱った要素について議論を行った。これら各章は、結果的に組織を維持するための要素として収斂することが可能である。なお、すべて書き下ろしであるが、第3章の第3節「組織境界に関する議論」、第4節「生態学アプローチ」には、経営行動研究学会第32回全国大会で発表した「組織境界に関する生態学的アプローチ—プロジェクトベースの組織把握を中心として—」の内容が一部含まれている。

　組織論は奥深い学問であり、人間そのものを対象としている。人間の生活とともに管理は始まり、組織の形成と同時に管理と経営の必要性はさらに高まった。この両者がなければ、組織が機能することは困難であり、組織と管理と経営は三位一体である。そして、この3つは本書の根底をなしている。しかし、これらの3つが必ずしも整頓され、統一的に合意された定義によって、展開されているわけではないと思われる。そこで本書は、これらの整理を端的に行った。だたし、まだ組織、管理、経営の扉さえ開けていない。特に、第3章の組織境界に生態学の見地を応用した研究はほとんどなく、これからさらなる研究が急がれる分野である。もっというと、生態学だけではなく、多様な分野からの分析が必要である。こうした意味で、本書が組織、管理、経営に興味のある方たちのさらなる学びのきっかけとなり、また、多くの方に組織、管理、経営に興味を持ってもらうきっかけになれば筆者にとって望外の幸せである。

# ❧ 目 次 ❧

### ❧ 第 3 章 ❧

# 組織境界に関する一考察

### ❧ 第 4 章 ❧

# 管理者の十全性に関する一考察

## ⌁ 第5章 ⌁

## 経営学者による鼎談

凡例————

1．本文中の「＊」は「注」を表しており、章末にその内容を示している。

2．本文中の引用・参考箇所は、1）という形で表記しており、章末に挙げた文献リストの
　　番号と対応している。

3．引用の場合、「　」内は原文そのままの引用である（数行にわたる引用の場合は、その
　　多くを前後1行ずつをあけて表記している）。一方、「　」がない場合は、引用箇所の要
　　約などをしている。

4．翻訳本からの引用・参考の場合、章末の文献リストでは、原著タイトル等を示したうえで、
　　〈　〉内に翻訳本タイトル等を示している。

# ～ 第 1 章 ～
# 管理の始まりと経営学

## 1── はじめに

　今日のように、工業化が進んだ組織社会では、管理というと企業を管理することに直結する。企業内部、すなわち組織の統制をとり、外部との相互作用によって企業の持続性を確保するのである。管理は、組織の目的に対して、多様な個人の諸力を協働させたうえで、外部との相互作用を行うことが大きな役割の一つである。多様な個人が集結するがゆえに、意見の対立であったり、目的の相違であったり、つまるところ、価値観の相違が多分に起きる。内部で混乱が生じていては、外部との相互作用に対し、資源を配分することが困難になり、自己崩壊を起こしてしまう。このような、組織維持の重要な機能としての管理は、今日、さらにその重要性が叫ばれているのである。

　そもそも組織を形成する以前は、個人の所有物を管理するなど、単純で個別的なものであった。その後、人は集団を形成するようになり、集団の管理として「管理者－被管理者」の関係が形成されていった。これは、工業化するはるか昔から行われていたことが確認されている。つまり、今日の企業に対する体系化された管理は比較的新しいものであるが、管理というそのものの概念は、人々の生活の中ですでに存在していたのである。

　産業革命を契機に、世界中で量的な取引拡大が起きた。それによって、これまでの個別対処的であった産業形態では対処することが困難となり、必然的に組織化が必要となった。しかし、組織化といっても、ただそこに個人を集めるのではなく、組織として秩序があり、統率がとられる必要がある。つまり、「管理－被管理」の明確な構造化である。他にも当時は、管理階級と労働階級の対

立であったり、組織的怠慢であったりと、多様な問題が発生した。しかし、これらの産業の組織化に対して、それを把握する学問的枠組み、実践的枠組みは当時なかったのである。そこで今日の経営学の始まりとなる、いわゆるドイツ経営学、アメリカ経営学が展開されていった。

　日本経営学は、「骨はドイツ、肉はアメリカ」として発展していった。日本における経営学は、輸入学問として始まったのである。しかし、先人たちは確固たる日本経営学を構築するため、多様な研究展開を行った。その根本は、これまでの多数の技術的な商業学を一つの秩序立った学問に集結させることであった。その後、アメリカ経営学の影響を強く受け、組織一般としての展開が拡大している。その一方で、日本経営学の独自性は、やはり「骨はドイツ、肉はアメリカ」そのものにあると思われる。これらの統合こそ日本経営学としての枠組みになり得ると考えられ、今もなおその議論は続いている。

　そこで本章では、初期の管理から産業革命における商業の発展までを系譜的に追い、管理の必要性と経営学の始まりを考察する。また、この流れの中からドイツ経営学、アメリカ経営学の始まりにふれ、日本経営学の独自性について一つの論点を提示したい。

# 2 ── 産業革命までの道のり

## （1）初期の管理

### ❶ 管理の意味

　管理という活動そのものは、古くから存在していた。人が集団を形成せず、個々の行動主体として活動していたころは、自身が所有する物のみの管理で事足りていた。しかし、人が集団となり、組織を形成していくと人が人を管理することが求められるようになった。そして、その対象となる組織に何らかの秩序が必要になった。ここでいう秩序は、端的に「望ましい状態を保つ規則」としておく。組織の構成員が、その規則から逸脱した場合、規則として許される

範疇内に戻るか、または罰を受けるか、組織外に追放される等の選択が迫られる。これは、狩猟、農耕民族であった時代にも当てはまるし、今日の企業にも当てはまる。組織社会となった今、人は組織の秩序を大きな軸として行動するようになり、それに伴い管理が必要になったのである。

　一般的に経営学において、管理は工業化の発展とともに学問的な研究が開始された。それは、そもそも経営学自体が比較的若い学問であることと、今日の組織社会の広がりにおいて、経営学としての管理の重要性が高まったことが大きな要因である。しかし、上述のように企業として組織が認識され、経営学の対象になる以前から管理は必要とされ、また行われていた。

　おおよそ、産業革命をある一定の境として、管理の対象が企業組織中心なのか、家族、教会、軍隊や国家などが中心なのか、という区分がされる。もちろん、管理の本質的対象は、組織一般であり、このように区分することに違和感があるかもしれないが、今日において企業組織がその対象の中心になるのは、相対的にその必要性が高まっているからである。

## ❷ 管理の始まり

　紀元前5世紀ごろに、軍事思想家である孫武は『孫子』という兵法書を記したという。これまでの戦争の勝敗は、天運に左右されるという、いわゆる神頼みに近いものであった。その戦争に関して体系的に分類、分析したものが『孫子』である。『孫子』は13篇からなり、開戦前の計画、実践を避ける方法、開戦時の攻防、地形への対応、諜報など、網羅的にふれられている。また、『孫子』の一節である「将、吾が計を聴かば、これを用いて必ず勝たん。これに留らん。将、吾が計を聴かずんば、これを用うるといえども必ず敗れん」は、計画と実行とを明確に区分し、両者の重要性を説いている[1]。ただし、孫武は、「百戦百勝は善の善なる者に非ざるなり。戦わずして人の兵を屈するは善の善なる者なり」というように、戦争に勝つことに善を置かず、戦争を避けることを善としたことを付け加えておく[2]。

　次に、孔子は、社会は個々の構成員間の目的を持った相互作用の結果であると考え、人間性は価値観（values）や道徳感（morals）に大きく基づいている

とした[3]。当時は、法家（legalists）の法律システムによる制度論での賞罰と教養や道徳などによる協調関係とが対立していたが、人間関係による相互作用の認識とその重要性は、以前から存在していたのである[4]。他にも、1世紀ごろの古墳から発見された中国の米びつは、政府の工場で製造されたものであることが明らかになった[5]。また、碗の製造者が製品の品質を保証するために用いた管理統制（management controls）も確認された。分業の痕跡や会計などの今日の企業経営につながる痕跡も残っている。産業革命が起きるはるか昔から組織的な管理は行われていたのである。

　また、古代エジプトでは、定期的に氾濫するナイル川をどのように管理するかが大きな課題であった。ナイル川の氾濫は、集落を水に沈めてしまうほど強大な自然災害であった。もちろん、肥えた土を上流から運ぶという農業にはなくてはならない自然現象でもあった。つまり、災害としてのナイル川と恵みとしてのナイル川を、古代エジプトは巧みに使い分ける必要があった。ナイル川の氾濫は季節性のものであり、おおよそ予想がつくものであった。集落の形成は、比較的浸水がしにくい場所を選び、農作業はその恩恵を受けやすい箇所で行った。このように、人が農作業を行うための条件には、人間集団の社会的存在形態、社会システムの存在が考えられる[6]。ナイル川の氾濫に対処することは、個人的行為ではあり得ず、組織的行為であり、そこで行われる農業も組織として行われていた。他にも、ピラミッドの建設は、階級的に組織として行われたことも容易に理解できる。さらに、副葬用の小像であるウシャブティ（ushabti）を見てみると、監督者と労働者が服装で区分されているという[7]。つまり、管理者と被管理者が存在し、そこで計画的な行いがなされていたのである。

　このように、時代、場所をランダムに見てみても、人が組織を形成し、組織として行動し、管理が行われていたことがわかる。しかし、これらの多くは中央集権的で、支配的であり、隷属的な上下関係であることが多かった。全体的な中枢に対して、末端はその命令に従うのみであり、いわゆる封建主義的な統治が中心である。人による人の管理、すなわち立場による属人的な管理が横行していた。この段階では、体系的な管理そのものを発達させる必要はなく、厳

格な規律のみによって支配が可能であった。

## （2）商業の発展

### ❶ 封建制度とその崩壊

　封建制度による管理は、世界的に約 6 世紀から15世紀末ごろまで国家や社会の基盤になっていた。主君と家臣との主従関係によって成り立った社会は、階級を生み出し、多くの場合、隷属的な関係であった。多くの家臣は、主君が保有する領土において農業を営み、収穫物や労働力などを提供し、その代わりに、主君から保護をしてもらう権利を得ていたのである。収穫物や労働力と保護の享受の関係は、ある意味で物々交換として成り立ったが、貨幣経済の発展により崩壊していくことになった。

　貨幣経済以前の物のやり取りは、物と物の交換によって行われた。物は、基本的に価値が下がることが多い。例えば、この当時の業の中心であった農業は、生ものであるため時間とともに価値は下がり、やがては価値がなくなってしまうが、そこに貨幣を媒介することにより、価値の保存が容易になり、商業における交換機能が飛躍的に向上した。また、価値の尺度として物の価値を一定基準に保つことが可能となり、商業の発展を促進させた。

　封建主義における主従関係を維持する一要因は、主君と家臣との経済的格差である。貨幣経済の発展により、主君は家臣に対して物から貨幣による納税を求めた。家臣は、貨幣を得るために市場に出て、自身の成果物を売り、その代金の一部を主君に納め、残りは腐る農産物とは異なり、貨幣として貯蓄することが可能になった。この貯蓄によって、裕福な家臣が発生することになる。主君に拘束されない、自由で裕福な家臣が増加し、主君との経済的格差が縮小した。そこで主君は、無理やり税を納めるよう要求するようになった。いわゆる封建反動である。しかし、フランスでジャックリーの乱、イギリスでワット＝タイラーの乱が起こるなど、封建反動は一時的なもので終わり、封建主義崩壊の幕開けになったのである。

### ❷ 商業の発展と市場の論理

　商業の発展は国内にとどまらず、国外すなわち貿易として拡大していくことになる。貿易ルートが確保されると、工業の発展は必然的に起こった。当時の生産システムは家内制手工業、つまり職人による手仕事が中心であり、自宅にある生産設備を使用するため、生産には大きな制限があった。また、「一人前＝熟練」になるためには時間を要し、小規模生産であるため、分業は非効率とされたのである。しかし、商業取引の量的拡大に伴い効率化が求められ、経営資源の集中化が行われた。これまで、家内で分散していた資源を一箇所に集め、工場として生産する工場制手工業へと移り変わったのである。

　量的拡大が伴った商業の発展には、これまでの生産、取引様式の質的展開が必要になった。その一つに会計の発展がある。パチョーリ（Pacioli, L.）は、1494年の『算術・幾何・比及び比例全書（Summa de Arithmetica, Geometria, Proportioni, et Proportionalita）』により、複式簿記の原理を初めて完成させた。このことにより、企業の責任者は資金と在庫の状況を把握し、キャッシュ・フローに基づいた意思決定をすることが可能になった。そして、企業が一つの組織体として考えられるようになり、内部状況を把握する会計管理の重要性が認識されるようになった。確実に、個人間のやり取りから組織を介した量的拡大が伴ったやり取りへ移り変わり、その管理運営の必要性が求められるようになったのである。

　貨幣経済の浸透による資源配分の変化は、人々を局所的隷属から解放させ、一般的で普遍的な自由活動を可能にした。自由な経済活動とともに、貨幣はそれを媒体として多くの物に抽象的な価値を与えるようになった。これらが市場でやり取りや交換されることにより、市場の論理が働くことになった。そして、貿易の拡大により国際市場が形成され、各国は強靭な経済の確立を目指した。諸外国との競争に勝つためには、国家として経済計画を進め、民間の経済活動を規制することが必要であった[8]。しかし、国家による統制は、民間の積極性を削ぎ、官僚主義的な不自由さを露呈してしまった。つまり、貨幣経済の浸透により個人に自由な経済活動が芽生えたが、国家によりその自由が奪われてしまったのである。これらは、一般的に重商主義といわれている。

　その一方で、啓蒙思想は着実に芽生えつつあった。本章では、論を明確にするために、端的に国家中心の重商主義と民間中心の啓蒙主義の対立軸で述べていく。啓蒙主義は、個人の主体的権利をしっかりと認め、制度も個人にとってどのような効果があるかを前提にしている[9]。また、啓蒙主義は、個人の活動を重視した。このような各主体の自由な経済活動の出発点として、スミス（Smith, A.）の『国富論』がある[10]。人々が自身の利益に沿って行動することが、市場を通じた公益の増大につながるという「見えざる手（invisible hand）」の効用をうたっている。啓蒙主義以前は、個人の利益は公益の利益に反すると考えられていたが、スミスにより個人的経済活動の利益が公益的利益につながるという考えが一般的となった。特に、分業の概念が公益を支える重要なメカニズムであった。

## （3）産業革命の出現

　産業革命は、一般的に18世紀のイギリスで始まった技術革新といわれている。産業革命という大きな出来事にもかかわらず、その出現時期が明確ではないのは、多様な要素の複合体であり、出発点を明確にすることが困難だからである。貿易の発達という国外にその要因を求める研究もあれば、国内の中産層の台頭、女性労働力に焦点を当てた研究もある[11] [12] [13]。中でも産業革命を引き起こした大きな要因は、量的な人の確保と中産層の思想的台頭であると思われる。

　まず、量的な人の確保は大きく分けて2つある。1つ目は農業技術の進展により農業従事者が減少し、働き手が量的に余ったことである。2つ目は食料増産により人口増加を支えることが容易になったことである。前者は、封建制度時代では、三圃制農業が中心であり非効率であった。しかし、輪作法の普及と資本主義的農業経営が主流となり、効率的な大規模経営が可能になった。後者は、都市に対する食料供給を可能にした。さらに、農業所得の向上をもたらし、再投資を可能にしたのである。

　次に、中産層の思想的、金銭的台頭も大きな要因である。例えば、当時のイギリスにおける階級の流動化に関して、デフォー（Defore, D.）は次のように

述べている[14]。

　贅沢と高級な生活により、土地財産を浪費し消尽したために、その家運が
衰え、衰微してしまった古い家柄が、地方では富み栄えてはいるが息子がな
く、そのために財産を女系の孫に残さざるをえなくなったような商工業者の
娘と縁組し、侮られていた商工業者と血を交えることによって再び回復し、
立ち直っている［数多くの例がある］。

　われわれは単に無数のジェントルメンの家族のみでなく、最も格の高い貴
族ですら、こうした女子の相続人により、またこの種の縁組によって、一度
に五万ポンドから一〇万ポンド、そして十五万ポンドの年収ある身分にまで
回復した例を無数に見ることができる。

　上記が意味することは、貴族層と中産層との階級間の移動が頻繁に行われて
いたことであった。これまでの封建主義制度では考えられなかった階級の移動
が、資本主義へ向かう段階で可能になったのである。さらに、コーヒーハウス
で頻繁に行われた議論は、新思想の醸成を可能にし、中産層の台頭をより促進
させた[15) 16)]。このように、中産層は封建思想ではなく、資本主義的な考えを持っ
ていることが多かった。そして、これまで下賤なものとされていた競争意識、
金銭的欲望を営利活動として体現し、多くの消費者行動も相まって大きな市場
を形成していった。産業革命は、技術的変革にとどまらず、多様な要因により
社会システム、文化システムをも変革したのである。
　なお、技術的変革では、蒸気機関の開発が第一に挙がる。これまでの人力に
変わって蒸気機関による機械力が動力の中心になったのである。蒸気機関は、
これまでに比べて能率的で安い動力であり、幾多の産業に応用された。機械設
備による工場制機械工業の始まりである。ヒト・モノは集中的に資源として投
下され、これまでの下請け的な個人請負から組織による経営が本格的にスター
トしたのである。

## 3 ── 組織的管理の必要性

### （1）根本的な管理と労働の問題

#### ❶ 管理者の設置

　産業革命によって、産業は工場による資本投下型生産に切り替わった。工場生産は、必然的に管理と組織化が必要になり、企業規模が大きくなればなるほど、一つの共通目的に対する集約化が必要になる。また、分業が導入され、労働者一人一人が特定の作業を専門的に行うようになった。しかし、分業は全工程を把握したうえで調整を行うため、これらを指揮する活動を必要とした。すなわち、管理という機能である。セイ（Say, J. B.）は、冒険家（adventurer）と資本家（capitalist）を区分し、冒険家には以下の箇条書きでまとめた要素が必要であるという[17] *1。ここでいう冒険家は企業家と言い換えても差し支えない *2。

　　・道徳的資質の組み合わせ（判断力、忍耐力、世の中の知識、そしてビジネスの知識）
　　・常に市場秩序と経済性に厳密な注意を払うこと
　　・生産費用と市場価値とを比較するための計算のコツ（knack）

　当時の企業家は、管理者も兼ねていることが多かった。しかし、企業が大規模化するにつれ、企業家一人ではすべての組織活動を把握し、統制することは困難であった。そこで、管理者を設置し、権限の一部を移譲することになった。例えば、コリンズ（Collins, O. F.）らは、企業家を組織建設者といい、管理者をつくられた組織を管理する者として区別した[18]。特に、管理者は官僚的経営者とした。このように企業が大規模化するにつれて、専門職的な役割区分が進行し、管理者の必要性が叫ばれていったのである。

## ❷ 管理者と標準化の必要性

　これまでの封建主義的な管理は、絶対的な中枢に対する表面上の忠誠心を集めることによって可能となっていた。例えば、軍隊では厳格な規律であり、教会では信仰心によって管理がされていた。ある意味、従う対象が絶対的で明確であるがゆえに、管理は容易であったと思われる。しかし、工場制生産システムにおける管理はこれまで例がなく、組織内部とともに組織外部も考慮に入れる必要性があり、資源の適切な配分や活用など、新しい枠組みが必要とされた。いわゆる工場管理者の役割、資質そのものの問題である。

　さらに、農業を生活の中心としていた労働者が、工業における規律に対して直ちに適応できるわけではなかった。これまで、積極的な競争意識による作業に取り組んだことがなく、最低限の生活を維持できる収入で満足していた農民を、工場の規則的な就業時間に従わせるのは困難であった。場合によっては、管理者に対して、反抗的な態度をとる従業員も少なくなかった[19]。また、工場生産に要求される部品生産は、互換性が必要である。すなわち、部品個体の誤差を許容範囲以下で製造する必要がある。しかし、従来の職人は自分なりに仕事を進めていたため、このような部品の標準化に対して反対が多かった。道具をどのように使うかという統一化も必要であり、管理者の問題とともに、労働者の問題も多発したのである。

　これらの問題は各地で多発した。しかし、管理の問題は個別具体的なものであって、一般化は不可能とされていた。企業が成功する要因は、経営者または管理者の個人的能力によるものであり、普遍性はないとされた。しかし、その後管理の普遍性を求めて工業管理の先駆者が現れた。オーエン（Owen, R.)、バベジ（Babbage, C.)、デュパン（Dupin, C.)などである。これらの先駆者は、今日でいう経営学の二大巨頭よりも先に管理に大きな焦点を当てていた。例えば、バベジは科学的管理の父といわれるテイラー（Taylor, F. W.）よりも先に科学的アプローチを理論化しており、デュパンは、管理原則の父といわれるファヨール（Fayol, J. H.）に影響を与えていた。本来ならば、管理の先駆者たちの功績とその後の流れを紹介するべきだが、紙幅の都合により、別の機会にする。以下では、上記のような流れから経営的事象をどのように学問として捉えて

いったかについて述べていく。


## （2）ドイツ経営学の始まり

### ❶ 商科大学の設立

　ドイツ経営学は、実社会の要請に応えるために生まれた実学である[*3]。元々
は、17世紀後半から18世紀末に発展した官房（Kameralwissenschaft）の一要
素として始まった。官房学は文字通り官房を管理するための学問であり、今日
でいうと、行政学、経済学、財政学、政治経済学などを包摂する広義な学問領
域を持つ。当時は、領邦主権が認められ、各君主は絶対王政を目指していた。
君主の補佐をしていた官庁が官房と呼ばれ、官房学は絶対君主制の確立のため
の学問であった。しかし、市民革命後、国民経済の発展とともにその役割を終
え、国民経済学が台頭した。そして、国民経済学の一部門であったドイツ経営
学には、資本主義の発展とともに個別的な経済観測が要求され、実践対応、学
問的独立性が急がれたのである。

　学問として設立、さらにいうと科学として設立するには、固有の理論的手法
を持って体系化される必要がある。すなわち、それは国民経済学からの方法論、
認識論的独立であった。さらに資本主義の高度化は、産業組織の複雑化を伴い、
個人の能力を超えた経営規模にまで拡大され、実践の学問的把握も複雑性を増
すばかりであった。以上のような激動の環境下で、ドイツ経営学の本格的な旗
揚げが始まった。

　1898年に最初の商科大学（Handelshochschule）がライプチッヒに設立された。
これは、経済発展に伴い高等教育を受けた人材が必要とされ、かつ学問的把握
の要請があったためである。具体的には、1895年に結成された「ドイツ商業教
育協会（Deutscher Verband für kaufmännisches Unterrichtswesen）」が中心
となった商科大学設立運動であり、その後ドイツ各地に商科大学が設立され
た[*4]。当初は、商業学の科学的な講義、研究が行われたのではなく、国民経
済学と法律が主となり、商業は簿記や商業算術などといった技術論にとどまり、
寄せ集め的な技術伝達であった。したがって、商科大学設立を裏付けるような

根拠ある学問体系とはいえなかった。

　商科大学設立当時、経営者、商人に必要な商業に関わる知識を商業諸学（Handelswissenschaft）と呼んだ。この総称は、商業経営に必要な諸知識の寄せ集めにすぎず、科学体系としての体裁が整っていないことを意味する。したがって、諸知識を教える商科大学それ自体の意味、意義が問われる商科大学否定論が勃発した。ここから、ドイツ経営学の挑戦が始まるのである。商業経営学（Handelsbetriebslehre）、私経済学（Privatwirtschaftslehre）、個別経済（Einzelwirtschaftslehre）、そして経営経済学（Betriebswirtschaftslehre）に至る苦難の連続である[*5]。

## ❷ ドイツ経営学に関する論争

　ドイツ経営学の対象は、主に経営事象の経済的側面である。中でも、私経済と公経済の産業分野を対象とした分野である。そこに農業や林業などは含まれず、これらは特殊経営経済学に分科されていた。ドイツ経営学はもともと、経済学からの独立を図った部門である。経済学の流れを汲み、個別経済を対象にしたドイツ経営学には、そのマクロ的、かつ補完的部門として国民経済学（Volkswirtschaftslehre）がある。仮に個別経済を最適化したとしても、その全体市場である国民経済も加味しなければ、個別経済の最適化を図ることは不可能である。すなわち、両者は同じ経済学の一部門として相互補完的であるはずだった。

　両者は補完的関係であるにもかかわらず、国民経済学から私経済学としての独立を図る際に論争が起きた。これが第一次方法論争である。論争の中心は、「私経済とは何か」であったことから、私経済学論争ともいわれる。私経済学は、経済的自由主義の進展に対応した学問として出発し、個別経済の実態解明を目的とした。大規模企業の進展により、どのように学問的に把握するかについて経済学者の間で論争が勃発したのである。おおよそ論点は、私経済学に対する国民経済学からの学問性に関する指摘、理論科学からの技術論ではないかという指摘である。

　前者は、私経済学は個別的であり、かつ企業者を対象とした私的な営利追求

の「金儲け論」にすぎないとの指摘であった。国民経済学は、国家を単位として経済活動を総体的に把握する学問である。文字通り、その対象は国民全体であり、社会における市場形成に伴う社会的分業関係の程度、効果がその指標である。その国民経済学から独立を図った私経済学が、個人的な「金儲け論」と批判されるのはごく自然な流れであった。

　後者は、私経済学の科学性について問われている。つまり、金儲けをするという目的に対して、どのように行うかという手段、方法論にすぎないという指摘であった。実際、科学を手段として、その都度便宜的に使用するにすぎず、法則的、体系的、再現的であることの期待に応えることは困難性が伴った。実用性が重視されればされるほど、科学の真理を追究するという目的から離れ、技術論としての性格が強くなってしまうのである。そもそも科学は万人の幸福に資するべきであり、個別かつ私的な利益のために学問を使用することは、学問の冒涜であるという非難が多発した。

　1910年代に起きた上記の国民経済学からの批判に対し、商科大学に関係する研究者は対応、反論を迫られた。有名な研究者を挙げると、シェアー（Schär, J. F.）、ワイヤーマン（Weyermann, M. R.）とシェーニッツ（Schönitz, H.）である[20][21][22]＊6。その後、ドイツ経営学の中心人物となるシュマーレンバッハ（Schmalenbach, E.）とニックリッシュ（Nicklisch, H.）の反論で勢いをつける。ここでは、紙幅の都合上詳細にはふれないが、このような状況をシェーンプルーク（Schönpflug, F.）は、技術学派（technologische richtung）、理論学派（theoretische richtung）、規範学派（normative richtung）の3つの学派に分類した[23]。1つ目の技術学派は、事実過程を因果関係として捉えるのではなく、目的と手段との関係として捉える。利潤過程としての利潤は目的になり得るが、そこに対し価値判断をせず、目的を達成する手段の研究としての学問とする立場であった。2つ目の理論学派は、利潤獲得過程を研究対象にしつつもその方法論は提示せず、組織体における因果関係をあるがままに分析し、そこに対して価値判断をしなければ、学問になり得るという立場であった。3つ目の規範学派は、学問として目的に対し価値判断を積極的に行い、あるべき姿に即して現実を判断した。利潤過程、獲得に対しても価値判断をし、利潤をおおよそ否

定しつつ、経済性の追求を企業目的とする立場をとった。

### ❸ ドイツ経営学の分類

　経営経済学としてのドイツ経営学を構成する分野は、おおよそ3つの部分科学から成り立つ。広義のドイツ経営学に対して、商品生産の経済的側面を見る狭義のドイツ経営学、商品生産の技術的問題を見る経営組織学（Betriebs-organisation）、人間的問題を見る経営社会学（Betriebssoziologie）である。中でも、狭義のドイツ経営学、すなわち企業における経済的側面が中心であった。

　増地庸治郎に従い、当時のドイツ経営学の名称変化について以下のようにまとめる[24]。当初、商業に関わる諸学は商業経営学（Handelsbetriebslehre）と呼ばれており、文字通り商業をその対象としていた。その後、経済の発展、すなわち工業の発展とともに対象を広げざるを得なくなり、1911年から工業も対象にした私経済学（Privatwirtschaftslehre）と呼ばれるようになった。私経済学は、消費経済と生産経済とからなる場合と、公共経済に対する私人経済を意味する場合があった。後者においては、結局は生産経済を対象とするものとなってしまい、営利経済学と評される可能性があった。そこで、名称として不適当とされた私経済学は、1919年ごろから経営経済学と呼ばれるようになり、急速に広く使用されるようになった。

　以上のように、ドイツ経営学は実社会からの要請によりその体系化を模索した。しかし、経済学界からの批判が起こり、それに反論するために複雑な方法論的分化が起きたのである。分化された学派は、それぞれ本質的で原理的である。ゆえに普遍的であり、異なる現象を体系的、統合的に補足ができる可能性が高まった。他にも、産業発展によりドイツ経営学の名称はその対象範囲を広げ、経営経済学になったことも補足可能性を拡大させた要因であると思われる。認識理論としての経営経済学は、その理論的実用性を確固たるものとしたかもしれない。ただし、実践としての実用性はあまり認識されなかった。これが、アメリカ経営学との大きな違いであると思われる。

## （3）アメリカ経営学の始まり

### ❶ 組織としての管理

　1775年から1783年まで続いたアメリカ独立戦争の最中、1776年にアメリカは独立宣言をし、その後1783年にパリ条約でイギリスが正式にアメリカの独立を認めた。19世紀に入ると、工場制度の劇的な発展と拡大の時代に突入した。イギリスは、このようなアメリカの発展を見過ごすことができなかった。しかし、1812年に起きた米英戦争（1815年終戦）により、アメリカによるイギリスからの経済的独立に拍車がかかった。アメリカには、ヒト・モノなど、経営資源が豊富にあり、生産体制を構築する準備は整いつつあった。

　初期の発展期における先人たちの功績を吸収し、経営学二大巨頭の一角であるアメリカ経営学を形成したのは、「科学的管理法の父」テイラーである。彼は実践的、かつ組織における問題の解決を図るため、その方法を模索し「科学的管理法（scientific management）」を構築した。彼は、科学的管理法の要素は「（経験則ではなく）科学（science）」「（不協和音ではなく）調和（harmony）」「（単独作業ではなく）協力（cooperation）」であり、最大限の出来高、効率の向上、豊かさの追求を達成することであるという[25]。組織を一つのシステムと捉え、その内部における管理学を基調とし、中でも、経験を科学としてどのように規定、記述していくかがテイラーの研究の中心であった。

　アメリカの産業は19世紀末を契機とした産業革命により、家内制手工業、問屋制家内工業から工場制手工業への過程をたどり、資本による工場制機械工業へと進展していった。その過程には大きく2つの転機がある。1つ目は労働集約である。各家を労働拠点とした労働者（職人）を工場の一箇所に集結させ、労働の集約をし、分業、協業させることにより効率を向上させた。2つ目は機械化である。資本主義の台頭により主体動力が人間から機械へと移行した。それにより、これまで職人がそれぞれ経験知として体得してきた技術と機械への移行段階における調整が要求された。前者は組織の問題であり、後者は組織学習、組織調整の問題である。

　三戸公は「職人の技芸は技術に転化し、抽象的客観的な知としての科学は合

目的的な手段として具現化せられた技術となって完結するものとなって来た。その科学と技術は長らく労働手段である道具と機械に限られていて、労働そのものを対象とする科学と技術はテイラーによって創始せられたのである」と指摘している[26]。道具と機械という客観的事物に対しての科学は、テイラーにより主体的労働への科学に変化した。ここに「アメリカ経営学＝管理学」が誕生する。

## ❷ 科学的管理法の本質

テイラーは、1878年に一般労働者としてミッドベール製鋼会社（Midvale Steel）に勤めた。その後、主任技術者に昇進して全体を見渡すようになり、出来高制が非能率であり、従業員が能力を十分に発揮していないことに気付いた。彼はこのような状況を「自然的怠業（natural soldiering）」と「組織的怠業（systematic soldiering）」に分け、前者は「易きに流れる（take it easy）人間の本性と性向」に由来し、後者は「他人との関係によって引き起こされる労働者の非常に複雑な熟慮と論法」から生ずるとした[27]。前者に対する改善は、個人的アプローチで事足りるが、後者に対する改善は組織的であり困難を極めた。

例えば、初期の管理に代表される管理者が認識する必要がある関係性のモデルは図1-1の通りである[*7]。管理者1人に対して、従業員または部下の数が

初期の管理

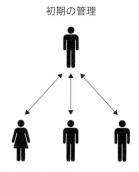

**図1-1　初期の管理における関係性の数**

出所：筆者作成

そのまま管理する必要のある関係数になる。従業員が3人いれば、管理者は関係数3を管理する必要がある。この場合、各従業員の個人的問題は各個人で完結しており、関係数1の範囲内で対処すればよい。

　しかし、組織的怠慢では、その意思決定の帰属先が個人であっても個人を超えた範囲で発生する。すなわち、労働者個人間に対する関係数が発生するため、管理者が管理する関係数は幾何学的に増加するのである。組織的怠慢に関して、テイラーは3つの具体例を挙げている[28]。

・働き手たちの間には「1人当たり、あるいは機械1台当たりの生産量が増えると、いずれは大勢が職を失うことになる」という誤解が、太古の昔からはびこっている。
・一般的に用いられているマネジメントの仕組みには欠陥があるため、働き手が自分の最大の利益を守るためには、仕事を怠けたり作業のペースを落としたりせざるを得ない状況が生じている。
・産業界においては、非効率な経験則がいまだにほぼあまねく行き渡っており、それをそのまま実践しているため、働き手の努力のほとんどを水泡に帰している。

　彼は、この問題は労働者ではなく管理者に原因があるとした。つまり、管理者は労働者の怠業を克服するために仕組み（system）をつくることが必要であるとした。それが、意図的に怠業が起きない制度設計、すなわち科学的管理法である。おおよそ、作業の標準化、奨励制度と課業管理がその中心であった。

　作業の標準化では、時間研究（time study）が基礎となった。しかし、時間研究に関しては、上述のようにバベジが先駆者であった。テイラーの独自性は、その緻密さにあった。バベジの行った時間研究は、作業の総合時間の統計であり、テイラーはそこに動作を加味して分析的に動作研究（motion study）も行ったのである[29]。作業を構成要素に分解し、各々がどのような動作でなすべきかを分析し、再構築した。この緻密さが、バベジが行った時間研究とは大きく異なる点であり、独自性のあるものであった。

奨励制度は、「一つの出来高給制度（The Piece Rate System）」によって形づくられた[30]。テイラー以前の奨励制度は、成行管理（drifting management）に依存した状態で行われており、これまで問題とされていた管理者による賃率の引き下げ、組織的怠業の根本的解決には至らなかったのである。生産成果も全体的に把握され、成果の個別化は行われなかった。そこでテイラーは、

・賃金率標準化のための時間研究による観察と分析
・出来高労働の差別賃金率
・職位ではなく人に対する支払い

の３つからなる新制度を提唱した。これにより、個別的成果を把握することが可能になり、個人的努力が奨励として反映されるため、労働者個人の能動的労働に作用したのである。

　このような中で、最高の作業量をこなす労働者を第一級労働者（first-class man）と表現した。一見、第一級労働者以外の者は落第という印象を受けるかもしれないが、本質は、働くことが可能で働く意志のある者、最善を尽くし怠惰の意志がない者であった[31]。つまり、第一級労働者以外の者は、割り当てられた作業そのものに適さない者、最善を尽くす意思がない者であった。賃金率の設定に関しても、第一級労働者が長期間維持可能なスピードで達成される作業量を標準にするなど、配慮が見られる[32]。したがって、管理者の役割は、労働者が第一級労働者になるように作業を割り当て、怠業にならないように仕組みをつくることであった。

　以上の時間研究と科学的分析により、課業管理（task management）という概念を展開した。課業管理を構成するものは、１）明確に指示された課業とその許容時間、２）許容時間内に課業を達成した者には高い賃金が支払われることであった。この課業管理を可能にするためには、全体を射程に置いた作業計画が必要である。これを組織として達成するためには、職能的職長（functional foreman）による管理形態の導入が必要であった（図１-２）。

　これまでの管理は、軍隊形式で一人の万能と思われる責任者が担っていた。

職能的職長

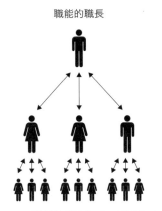

**図 1-2　職能的職長による管理モデル**

出所：筆者作成

しかし、管理が量的にも質的にも複雑化すると、一人の責任者では対応が困難になった。そこで、テイラーは職長に求められる 9 つの資質を挙げ、その資質を分割し、それぞれに職長を充てる役割分担をした。そもそも、職長は万能である必要がないという前提があったからである[33] [*8]。そしてこれには、職長の肉体的、精神的負担を減少させ、適材適所を模索するという効果があった。

　テイラーの科学的管理法の本質は、数値による分析ではなく精神革命（mental revolution）であった。テイラーの主な関心は雇用者だけの利益ではなく、雇用者と労働者、さらには消費者にまでもたらされる総合的な利益であった[34]。特に雇用者と労働者の調和を主としており、これを前提とすれば、彼が労働組合の存在を有害と評価したことも無理はない[35]。決して、雇用者の有利になるために科学的管理法を構築したわけではない。確かに、科学的管理法は、悪意のある切り取りや誹謗中傷、訴訟も多発し、誤認されることがあった[36]。しかし、彼は雇用者と労働者が友好的関係にあり、両者が同じ方向に向かって協力すれば素晴らしい成果が出るとした。このような仕組みをつくるために、科学的管理法を適応させる必要があったのである。彼は、書物における知識や知的な学識よりも、良識、性格、勇気、忍耐力に価値があるとした[37]。決して、科学に偏ることなく、人間としての本質を見ていたのである。

# 4 ── 日本経営学の始まり

## （1）輸入学問としての出発

### ❶ 日本経営学の骨と肉

　日本経営学の形成時期は、約１世紀前にまでさかのぼることになる。一般的に日本経営学は「骨はドイツ、肉はアメリカ」と表現され、ドイツ経営学を軸にアメリカ経営学を肉付けしてきた[38]。上述の通り、ドイツ経営学は経済学の一分科であり、経営経済学といわれた。また私経済学、個別経済学ともいわれ、一企業を対象に経済学的アプローチをする学問として発展してきた。アメリカ経営学は、ドイツ経営学と同様に企業（主として工場）を対象としながらも、経済学的アプローチだけではなく、組織理論も基盤にした管理学として発展した。一方は、経済学的アプローチ、もう一方は組織論的アプローチという２つの源流をもとに、日本経営学は形成されていったのである。

　本章では、便宜的にドイツ経営学、アメリカ経営学、日本経営学という名称を使用してきた。経営学の冒頭に、冠詞のように国名が付くのは、あくまでそれぞれの国で主に発展してきたというだけであり、それ以上の区分を示すものではない。例えば、ドイツ経営学はドイツ語圏での発展であるし、アメリカ経営学はイギリスの影響も受けている。他にも翻訳上の制限がありつつも、ドイツ経営学は経営経済学であり、アメリカ経営学は管理学である。

### ❷ 日本経営学の初期形成

　このような区分の便宜性は、日本経営学を説明するうえで役に立ってきた。江戸期、日本では『商売往来』などの商取引の実務知識に関する書物が、寺子屋の教科書として採用された。長らく、商業を学ぶうえで重要ではあったが、明治維新とともに日本の実業界は一変した。近代国家への移行過程において、殖産興業、近代企業形成が急がれたのである。基本的には、欧米の会社制度をはじめとした仕組みの導入であり、経済学や商学などに関する洋書の紹介が広

がった。20世紀になると本格的な学問としての発展、輸入が始まり、その際ド
イツ系、アメリカ系の系譜があったのである。片岡信之は、系譜的に江戸期の
《商業・個人商店・商店主》の視点から明治末期の《工業・企業・組織》へ移
行し、《商人学》から《商事経営学・工業経営論・企業論》へ志向するようになっ
たと指摘する[39]。

　明治維新以降、「科学的管理法」の哲学は実業界に対して大きな衝撃を与えた。
これまで、管理的思考がほとんどなかった日本商業学、商業経営学、工業経営
論に新しい哲学を与え、急速に普及していった[40]。商業現場にとどまらず、工
場生産も含めた商業現場としての管理活動が盛んになった。そこから、賃金形
態、利潤分配、労使協議をはじめとした人事管理論や販売管理論などの拡大的
発展が起きた。

　その一方で、ドイツ経営学の流れでは、企業論や経営経済学などの拡大が学
界で増加した。特に、東京高等商業学校（現：一橋大学）、神戸高等商業学校（現：
神戸大学）が中心であった。そもそも、これらの学校はドイツ経営学の要請と
同様に、日清戦争後、急速な日本経済の発展に伴い、実業界からの人材育成の
必要性が叫ばれ開学した経緯がある。つまり、従来の商業学では補足すること
が困難であった経営現象を、新しい学問で捉える（この場合は経営経済学）試
みであった。

　以上のように日本経営学は、ドイツ、アメリカからの経営学の系譜の影響を
大きく受けている。しかし、それらが日本経営学という統一的な学問体系とし
て形成されたかというと必ずしもそうではない。ドイツ経営学は企業の現象を
理論的骨格として明確化するようつとめているし、アメリカ経営学は企業の人
間的協働の内容的充実につとめている。しかも、アメリカ経営学はその後、企
業の枠を超え、組織一般の管理学に発展した。前者は経済的で数値的であるし、
後者は社会学的で非数値的である。すなわち、同一の現象を見ながらも、両者
のアプローチは根本的に異なる。このような中、日本経営学はどのように、骨
をドイツとし、肉をアメリカにしたのであろうか。そういう意味でいうと、日
本独自の経営学はそもそも存在せず、両者を統一的に体系化することにその道
があるのかもしれない。

## （2）日本経営学における第一人者の構想

### ❶ 商業の統一化

　日本経営学の概念的体系を目指した第一人者は、上田貞次郎である。筆者が上田の概念に初めてふれたのは、1907年に著された「内池廉吉君著『商業學概論』ヲ評ス」であった[41]。その内容は、商業学は個別的な取引を扱うのではなく、より全体的に広く研究する必要性があることを説き、今日の日本経営学の基礎概念にふれている。当時は商業学が中心であり、学問として商業経営を想定していた。しかし、その後、工業を含める必要があるとして「商工経営学」「商事経営学」と包括的な枠組みを提唱した。以下、時系列的にこれらを整理して、上田の経営学構想を追ってみる。

　上田は、1904年に発刊された著書にて「故に一科学を建設せんと欲せば…（中略）…進んで広義の商業以外農工其の他総ての営利事業を含む所の企業全体を目的とすべし」と述べている[42]。上述の通り、資本主義の台頭により商業とともに、他の産業が発達した。その際に、商業学では補足しきれない実践が多発したため、商業学を拡大し、補足することを試みたのである。そして、商業学で補足をする理由を「農工其の他各種の業務が企業の体裁を具ふるときは、其の経済的方面は必ず商的特色を帯び、商的精神に支配せらるゝは当然なるを似って、此の活動を研究する所の学問を商業学と称するは亦これ最も至当なることなり」としている[43]。企業には経済の側面が必ずあり、その側面から見る限り、商業学として補足することが可能であるとしている。さらに、「複数の商業学」と区別するため、複数ある「単数の商業学」を「商業経営学」として

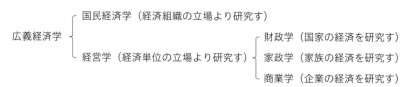

**図1-3　上田による経営学の分類**

出所：上田貞次郎（1975a）「商業学」『上田貞次郎全集 第一巻 経営経済学』第三出版、315ページをもとに筆者作成

一つの学問にまとめ、統一化を試みている。

　図1-3は、商業学と経済学とを混同しないために上田が図式化したものである。やはり上田は、商業の拡大を念頭に置いており、経営学の基礎となる概念にはふれているが、枠組みそのものに対する言及はない。中でも、経営学が経済単位として、物事を考察するツール的な扱われ方をされている点が興味深い。あくまでも当時の段階では、企業単体を考察するには商業学によるのであり、経済面からのアプローチが主であった。

　1905年には、商事経営学という名称を使い、新しい枠組みを試みている[44]。問題意識はこれまでと同様で、多様な商業に関わる研究を収集し、一つの学問体系として秩序正しく陳列することであった。当時、まだ学者間での名称、内容の一致はほぼ不可能であった。上田によると、各国の経済状況、学問の必要性がそもそも異なり、さらには経営学の対象も多様化を極めていたからである。このような中、統一的な解釈、原則の研究を行う必要性が高まったのである。また、経済学から独立をするには、経営学が国民経済ではなく、私人の経営を目的とするところに根拠があるとした。さらに、農業、工業、商業であろうと経営の視点で見れば同様であるとした[45]。この時点で経営とは、経済的視点での研究である。したがって、商事経営学として統一一化することが適当であるとした。

　ドイツ、アメリカへの留学後、上田の経営学構想は固まりつつあった。1909年に発表された「商事経営学とは何ぞや」において、以下のように述べている[46]。

　　従来の商業学は個々の商取引の実務手続に関する研究をなすが故に手代実務員の執掌すべき日常の細務を執り又は其の執務の組織を案出するの準備なれども、企業者として事業経営の大本を塩梅する所の頭脳を訓練するに適せず。…（中略）…然れども進んで支配人となり、支店長となり、工場長となるに及びては外部に向ては市場の形成を察し、市価の変動を予測して需要の均衡を維持するの才能を要し、内部に於ては自己の事業の計画、組織、管理、改良をなし且資金の調達融通を掌るの技倆なかるべからず。此の如き才能技倆は本来実地経験の裡に養はるべきものなりと雖学問が何等の貢献を為し能

はずとは信ずること能はず。此の如き頭脳を養ふの準備として商業実務はあまりに機械的なり。経済学はあまりに茫然たりとせば此に一個の新学科を作りて広く事業家の経験したる事を蒐集し、分類し、論究するの必要にあらずや。

このように上田は商業学に対する評価はそのままに、企業者育成の必要性と重要性を明確に述べている。さらには、組織内部はもとより組織外部の状況を取り入れた「計画、組織、管理」の必要性を説き、経済学でも商業学でもない領域に新しい、すなわち経営学の領域があると指摘する。この時点において、以前に比べ経営学領域の明確化と企業家（経営者）視点でのアプローチが明確化された。

## ❷ 商業の限界

その後、商事経営学は商工経営学へと名称を変更した。これまでの経営現象に対する学問的アプローチは貧弱であったという観点から、名称を変更したという[47]。その際、上田は留学先での経験を述べており、時代背景から察するに、商業を超えた工業の急速な発展を目の当たりにし、工業を明示的に含まざるを得なかったと思われる。この点において、明らかに商業学からの脱却を読み取ることができる。

しかし、最後にこれらの名称は、ドイツ経営学の経営経済学に落ち着くのである。上田は以下のように述べる[48]。

商工経営は経済学から生れ出でたといひたいが、まだあるいは母体の内にあると見られるかも知れぬ。著者は曾て商工経営は一個独立の学科となすこと能はず、又その必要もなしと放言して先輩諸君を驚かしたことがあるが、勿論それは自分が「商工経営」を廃業する意味ではなかつた。「商工経営」の研究は益々必要である。但しそれは現に国民経済の中でやつているのだ。吾人はその部分の仕事を発展させて行かねばならぬ。この目的のために会計学の知識も取入れるがよい。技術上の知識も吸収するがよい。かくして吾人

の研究が大いに発展すれば学者の分業上経営経済学は独立せざるを得ないだ
ろう。併しながらその時経営経済学は今の国民経済学の外に忽然として出現
するのでなくして国民経済学そのものが分裂するのである。現在の国民経済
学特に商業政策、工業政策、銀行論、交通論、保険論等の取扱つている資料
の一部が経営経済学の下に再整理されるのである。

　上田はあくまでも経営学は経済学の一部と認識し、独立の可能性を模索しな
がらも結局は挫折したのである。当時において経営学の多面性を明確に認識す
るには、まだ時期が早かったのかもしれない。確かに、企業における経済面の
アプローチは重要な視点であり、無視することは不可能である。しかし、だか
らといって、経済学視点内に収めることは、経営現象を見誤る大きな間違いと
いわざるを得ない。この点に関して、片岡は、アメリカ経営学は当時の実務家
や大学、高等商業学校の教員たちが中心となりその内容を吟味したのに対し、
ドイツ経営学はドイツに留学した若き商業学者（理論研究者）が中心であった
とする[49]。そうであるならば、当時はまだ日本経営学において骨を形成してい
る段階であり、肉としてのアメリカ経営学との交流は道半ばである。すなわち、
上田は日本経営学としての独立に挫折したのではなく、経営経済学としての独
立に挫折したのである。

## （3）日本経営学の確立に向けて

### ❶ ドイツ経営学とアメリカ経営学の統一

　上田の経営学理論を引き継いだ中心的人物は、増地庸治郎と平井泰太郎で
あった。両者は、上田の理論を概念的にも学問的にも充実化させた。他にも多
様な尊敬すべき先人たちに日本経営学の形成のために尽力いただいたが、本書
では紙幅の都合により、割愛させていただく。

　本節の主たる関心事項は、「骨はドイツ、肉はアメリカ」とする日本経営学
である。日本経営学そのものの独自性は一旦横に置いて、その形成における両
者の統一化が、ある意味日本経営学の独自性といえる。すなわち、経営経済学

と管理学との統合の概念または方法論の考察である。本節では、その過程を系譜的に追うというよりは、両者を統一するための方法論を考察することとする。

　日本経営学は、骨格は経営経済学、肉は管理学によって形成され、今日では管理学が大半を占めている。日本経営学創成期当初は、上田が独自性のある日本経営学の独立を目指したが結果的に挫折した。その後、教え子たちにより、経営経済学と管理学とを摂取し、日本経営学という枠組みが形成された。しかし現在、経営経済学と管理学とが問題なく統一化されているかといわれれば、おそらく答えは「NO」といわざるを得ない。その証拠に、今日の日本経営学はアメリカ経営学一辺倒である[50]。そもそも、両者の設立を要請した社会基盤が異なり、理論体系、内容もそれぞれ独自性がある。日本経営学は両者を統一したのか、部分的に摂取しただけなのか、まだ明確な答えは出ていないが、統一化されていないことは確かである。

## ❷ 統一化の問題点

　ドイツで巻き起こった方法論争は、経営学がそもそも何であるかという問題と、その対象と研究方法が大きな焦点であった。各自多様な方法論を叫び、経営学界は混乱に陥ったといっても過言ではない。確かに、発展過渡期において、混沌とした状態になることはある。しかし、クーンツ（Koontz, H）が指摘した「経営理論のジャングル（The Management Theory Jungle）」からいまだに抜け出せていない[51]。それはひとえに、経営学そのものの幅の広さを表している。全範囲を射程に入れない部分的議論の対立は、地図のない旅と同じで、所々道草の楽しみはあるが、決して目的地には到達しないのである。

　そもそも、経営経済学は経営の経済的側面に対し、個別経済的視点から考察することを主として、企業行動を客観的に考察する理論体系を志向している。シェーンプルークによって分類された、技術学派、理論学派、規範学派の三学派（以後、より細分化された）があり、時代とともに主流が変わりつつも理論学派が中心であった。理論学派は純粋科学を志向しており、企業行動の経済的側面の認識から理論構築を目指している。その際に実用目的を加味することはほとんどない。その一方、管理学は営利企業における人間協働の組織的活動に

対し、合理的遂行のため、そのメカニズムを解明する実践体系を志向している。これは、経営管理学の純粋科学に対して実践科学と呼ばれる。

　企業行動の価値循環過程を純粋科学としてみる経営経済学は、それらの現象を因果関係として認識する。それが純粋科学といわれる（目指す）ゆえんであり、国民経済からの独立を図る根拠になった。そのためには、因果関係的に結果と原因とを説明することが必要であり、その原則の明確化が経営経済学を科学へと押し進めた大きな要因である。これらの形成過程は、実務的な要請はあったにせよ、上記のように国民経済学からの独立を理論的に構築したからである。管理学は、明らかに実務の最適な理論と技法の形成を目指した。工場生産において、能率増進運動をもとにその科学的生産方法が必要となったのは、上述の通りである。生産における合理的な技法と管理者、雇用者を含めた人間協働の体現化が主であり、理論構築をベースにしながらもその本質は実践である。

　さて、以上のような両者の相違を端的にまとめると、《経済学－価値循環過程－理論》と《社会学－人間協働過程－実践》となる。これまでの経営学の一般理論化つまり統一化は、このような両者の統一化であった。経営現象を経済学的視点、社会学的視点から部分的に考察しても、それは統一化とは呼べない。骨をドイツとし、肉をアメリカとした日本は、その身体をどのように構成して維持してきたのか。その解明はもとより、概念的枠組み、ツール自体もほとんど手付かずのままである。

## ❸ 方法論の連結

　今日の経営学をはじめとした社会科学一般は、その対象範囲が拡大傾向にある。例えば、今日の経営学は、組織内部の管理から始まり、組織間、組織外部の状況を含めることになった。さらには、社会からの要請に応えるいわゆる社会的責任も加味する必要がある。組織内部から環境までとその補足範囲が拡大したのである。その際に、管理学がたどった道のりは、管理一般から組織一般の原則化であった。おおよそ、その第一人者はバーナード（Barnard, C. I.）である。彼は、営利企業に限らず組織（organization）一般の定式化を行った。確かに、管理一般から組織一般への最小公約数的な原則の一般化は、アメリカ

経営学（この場合は、管理学を超えた）が広く浸透した大きな要因といえる。しかし、これまで企業を共通項としていた枠組みからアメリカ経営学が漏れてしまい、より統一化が困難になったと思われる。したがって、アメリカ経営学は、資本主義下における企業行動一般の理論なのか、組織一般の理論なのかにより統一化への道のりは変化する。特に後者は、広義の社会学一部門化の傾向にある。

さらに、今日では管理学において、行動科学アプローチも盛んである。企業行動とは別に、個人または集団を対象としてその行動原理を心理学、社会学から解明しようとするものである。これらも加味するとなると、管理学はより広義の社会学一部門化に傾倒しているといわざるを得ない。もちろん、行動科学アプローチにより管理学が充実し、発展する可能性も多分にある。しかし、それにより社会学一部門になり得ても、経営学の統一化につながるとは考えにくい。繰り返すように、経営経済学は経済学からの独立を模索し、経済学からの批判に耐え得る理論構築を模索した。商業学の統一的科学化であり、広義の経済学一部門である。管理学は社会学一部門化であり、経営経済学は経済学一部門である。とするならば、両者からの脱却が一つの経営学統一化の可能性と、管理学と経営経済学との橋渡しによる統一化の可能性となると思われる。その際に、営利企業を出発点とした原点に立ち返る必要性も必ずでてくる。

経営学は、合理的な方法により目的的価値を実現する組織行動を対象とする総合的な科学である。経営経済学の場合は、主に経済学的側面の因果関係を見ることになるし、管理学は人間協働的側面の実践を見ることになる。人間が関わる諸現象において、明確な因果関係を発見することは困難である（詳しくは第2章で述べる）。また、実践の寄せ集めであるならば、産業革命期に商業学が受けた批判そのものを経営学が受けてしまうことになる。以上により、両者が対象範囲を拡大してもその方法論ゆえに、批判を免れることはできない。つまり、両者は部分的方法論であり、本来総合的である経営学の一側面の領域を超えない。

統一化の一つに、両者の研究対象の統一化がある。これまで、研究対象は、両者とも企業であったが、管理学は組織一般までに拡大した。研究方法は、上

述の通りで統一化は困難である。管理学の研究対象を企業一般に限定すること
が一つ可能性としてはあり得るが、今日の拡大傾向を加味すればその可能性は
無に等しく、現実的には組織一般の一部として企業を扱うほかない。つまり、
結局は、管理学は組織一般の理論のままということである。

　もう一つの方法は、統一化というよりは連結化である。経営学は、「経営学
の学」（経営学の学説研究）と「経営の学」（実践経営の理論・実証研究）に分
けられる[52]。これは端的に大別すると、前者は経営経済学であるし、後者は管
理学である。もちろん、今日は両者の交流も大いに見受けられる。つまるとこ
ろ、理論と実践との連結である。換言すると、研究方法の統一ではなく連結で
ある。研究対象は拡大傾向にあり、統一、連結はほぼ不可能であるが、研究方
法ならば、統一化はそもそも困難でも、連結化の可能性があるのではないか。

　研究方法の連結は、経営学をより総合的に説明せしめる可能性がある。経営
経済学の因果関係論では、すべての経営事象を説明することは困難であり、管
理学も同様である。これらの連結により、目まぐるしく変化し複雑化する経営
事象を補足することが可能になる。組織内外の諸事象の変化を補足し、将来を
予測、さらには対策を考えるとなると、数値化が困難な実践とともに数値化ま
たは形式化可能な理論との相互支援が必要である。つまり、抽象的かつ客観的、
部分的な純粋科学にとどまるのではなく、より具体的かつ主観的、総合的な実
践科学の要請に応えることである。現時点では、発案のみでどちらが基盤にな
り得るかはわからないが、経営学の独自性を考えると両者の連結化は避けて通
れない大きな問題である。

# 5 ── おわりに

　管理は、人間が物を扱い、他者と共同生活をするようになったのとほぼ同時
に発生したと考えてよい。その対象は、ヒト・モノであり、時間でもあった。
また、時代や場所に関係なく管理が行われたことは、人が生活するうえで、管
理という行為や概念などが必要であったからである。商業の発展とともに、よ

り詳細にいうと産業革命後に、資本主義的な数値化、厳格化された管理が必要となった。それは、社会全体で組織としての行動が中心となり、その組織を構成する人間の秩序立った統制が必要となったからである。つまり、管理はその対象に対してある秩序を与え、行く末をはっきりとさせる指針といえる。

この管理を実学的に定式化したのは、テイラーであった。彼の工場生産における数値化は、これまで成り行きで行われた管理に対して、「科学的管理」といわれるようになった。数値という客観的に判断できるものを利用して、秩序を保とうとしたのである。しかし、ある意味で人を数値で判断、評価するという行為に対して、当時は多くの批判が起きた。ただ、テイラーが数値化を行ったのは方法論として行ったものであり、彼が求めた本質は、管理階級と労働階級の調和という非数値化の領域であった。数値化というわかりやすい指標のみが大きく取り上げられ、その本質を見誤る人々が多くいたのである。数値化は認識しやすい一方で、時には誤解を生む可能性もある。したがって、管理そのものの対象は、数値化できる領域と数値化できない非数値の領域があるといえる。もちろん、そこには物体、非物体も含まれる。

日本経営学は「骨はドイツ、肉はアメリカ」として発展した。ドイツ経営学、アメリカ経営学を日本経営学として統一することが、大きな目標だったのである。両者の断片的な使用は、商業学が批判されてきた当時と同様の道のりをたどってしまうことになる。それは、個別対処的であった商業学をはじめとした諸学の統一化の問題であった。つまり、日本経営学としてドイツとアメリカのそれをどのように統一化するかが問題である。もちろん、それを基礎として日本経営学の独自の領域を構築する手もあったと思われる。しかし、今日の状況を鑑みるに、ドイツ、アメリカの大枠を超えた経営学の進展を見つけることは困難である。今現在において、新しい領域を探しつつも現実的な問題として、統一化の課題は常に残る。

大別するとドイツ経営学は実態を研究対象とし、アメリカ経営学は機能を研究対象としている。特に、前者は基本的には企業であるし、後者は管理一般から組織一般へと拡大を見せ、今日では行動科学を加味し、心理学、社会学をも含んだ社会学一般になりつつある。当初、企業をその対象の中心としていたも

のから、格段にその適応範囲が広がっているのである。研究対象は、日を追う
ごとに拡大し、統一化の目処は立たない。そこで、実態的な実践と機能的な学
説との連結という研究方法論的連結による、ある一定の統一化というものが今
のところの一つのヒントと思われる。そのためにも、研究対象を理論的にも実
践的にも考察するといった枠組みをより明確にする必要がある。このことによ
り、今日の経営学がより必要とされる学問となり得る。ただし、両者を連結さ
せる枠組みそのもの、または要素は今後早急に解明する必要がある。

【注】

＊1　Say, J. B.（2001）をもとに箇条書きをした。

＊2　ここでいう企業家は起業家も含む。

＊3　厳密にいうとドイツ語圏で発展した経営学であり、便宜上総称して「ドイツ経営学」
　　　としている。

＊4　例えば、1901年にケルン、フランクフルト、1903年にアーヘン、1906年にベルリン、
　　　1907年にマンハイム、1910年にミュンヘンなど、商科大学の設立が相次いだ。

＊5　1900年前後、今日のドイツ経営学（経営経済学）の名称は、商業学、商業経営論、営
　　　利経済学、私経済学、個別経済学など、入り乱れていた。その後、分類、統合を経て
　　　経営経済学として統一された。

＊6　詳細は、髙橋俊夫（1974）、同（1980）、同（1981）。

＊7　あくまでモデルであり、管理者1に対して従業員が3の割合が望ましいわけではない。
　　　初期は管理者対従業員の単純な関係数であったが、今日のような人間関係を考えると、
　　　管理者が考慮に入れる関係数は爆発的に増大するのである。

＊8　テイラーが挙げた万能的職長の資質は、知力、教育、専門的・技術的知識、機智、活
　　　動力、勇気、誠実性、判断力・常識、健康であった。

【引用・参考文献】

1）金谷治訳注（2000）『新訂 孫子』岩波書店、29-30ページ。

2）前掲書1）44-46ページ。

3）Chan, K. H., Warren, C. W.（1972）Confucian Theories of Man and Organization, *Academy of Management Journal*, 15（3）, pp. 355-363.

4）Low, K. C. P., Ang, S. L.（2013）Management, the Confucian Way, *Educational Research*, 4（2）, pp. 82-90.

5）Collons, R. D.（1971）Factory Production-1 A. D., *Academy of Management Journal*, 14（2）, pp. 270-273.

6）Hutchinson, Sir, J., Clark, G., Jope, E. M. and Riley, R.（1977）*The Early History of*

*Agriculture: A joint Symposium of the Royal Society and the British Academy*, Oxford: Oxford University Press, p. 5 .

7 ) Petrie, W. M. F.（1923）*Social Life in Ancient Egypt*, London: Constable & Co, pp. 1 -30.

8 ) Bell, J. F.（1967）*A History of Economic Thought*, 2 nd ed., NY: Ronald Press, p. 53.

9 ) Bowditch, J., Ramsland, C. eds.（1961）*Voices of the Industrial Revolution*, Ann Arbor: University of Michigan Press, pp. iv-v.

10) Smith, A.（2003）*The Wealth of Nations*, NY: Bantam Dell.

11) 和田将幸（2002）「イギリス産業革命における海外貿易の意義—18世紀の貿易統計を中心に—」『関西学院経済学研究』（33）、59-77ページ。

12) 山口正春（2011）「産業革命前夜における中産層の役割—デフォーとスミスを中心に—」『日本大学法学紀要』（53）、513-537ページ。

13) 冨田洋三（2009）「産業革命と女性労働」『実践女子大学生活科学部紀要』（46）、85-101ページ。

14) Defore, D.（1728）*A Plan of the English Commerce: Being a Compleat Prospect of the Trade of This Nation, as Well the Home Trade as the Foreign*, London: Charles Rivington, p. 81.〈山下幸夫、天川潤次郎訳（1975）『イギリス経済の構図』東京大学出版会、86ページ。〉

15) 角山栄、村岡健次、川北稔（1992）『産業革命と民衆』河出書房新社、95-96ページ。

16) 上田辰之助（1987）『蜂の寓話—自由主義経済の根底にあるもの—』みすず書房、68ページ。

17) Say, J. B.（2001）*A Treatise on Political Economy*, Kitchener, Ontario: Batoche Books, p. 177.

18) Collins, O. F., Moore, D. G., and Unwalla, D. B.（1964）*The Enterprising Man*, East Lansing: Michigan State University Press, pp. 19-20.

19) Guest, R.（1823）*A Compendious History of the Cotton Manufacture*, London: Joseph Pratt, pp. 31-43.

20) 高橋俊夫（1974）「『第一次方法論争』の展開」『明治大学社会科学研究所紀要』12、111-138ページ。

21) 高橋俊夫（1980）「『第一次方法論争』の展開（Ⅱ）」『明治大学社会科学研究所紀要』18、69-97ページ。

22) 高橋俊夫（1981）「『第一次方法論争』の展開（Ⅲ）」『明治大学社会科学研究所紀要』19、157-186ページ。

23) Schönpflug, F.（1933）*Betriebswirtschaftslehre: Methoden und Hauptströmungen*, Stuttgart: Schaeffer-Poeschel Verlag.〈古林喜楽監修、大橋昭一、奥田幸助訳（1970）『経営経済学』有斐閣、202-212ページ。〉

24) 増地庸治郎（1939）『経営要論』巌松堂書店、4 - 6 ページ。

25) Taylor, F. W.（2006）*The Principles of Scientific Management*, NY: Cosimo, Inc, p. 4 ,

74.〈有賀裕子訳（2009）『新訳 科学的管理法—マネジメントの原点—』ダイヤモンド社、16、162ページ。〉

26）三戸公（2000）「経営学の主流と本流—経営学百年、鳥瞰と課題—」『経営学百年—鳥瞰と未来展望—』文眞堂、5ページ。

27）Taylor, F. W.（1911）*Shop Management*, NY, London: Harper & Bros, p. 30.

28）前掲書25）p. 4.〈16ページ。〉

29）Copley, F. B.（1923）*Frederick W. Taylor, Father of Scientific Management*, 2, NY: Harper & Bros, pp. 225-226.

30）Taylor, F. W.（1895）*A Piece-Rate System: Being a Step Toward Partial Solution of the Labor Problem*, US: A.S.M.E 16, pp. 856-903.

31）Hearings before Special Committee of the House of Representatives to Investigate the Taylor and other Systems of Shop Management under Authority of House Resolution 90. U. S. Government Printing Office, 1912, p. 1451.

32）前掲書27）p. 25.

33）前掲書27）p. 96.

34）前掲書29）pp. 136-140.

35）前掲書30）pp. 859-860.

36）前掲書31）pp. 745-746, 1452-1456.

37）前掲書29）p. 294.

38）増地庸治郎（1939）『経営学講話』高陽書院、2ページ。

39）片岡信之（2017）「日本における経営学の歴史と現在」『経営論集』64（4）、45-79ページ。

40）前掲書39）47ページ。

41）上田貞次郎（1907）「内池廉吉君著『商業學概論』ヲ評ス」『経済学商業学国民経済雑誌』2（6）、125-130ページ。

42）上田貞次郎（1975a）「商業学」『上田貞次郎全集 第一巻 経営経済学』第三出版、314ページ。

43）前掲書42）314ページ。

44）上田貞次郎（1964）「商事経営学に関する意見」『上田貞次郎日記』慶應通信株式会社、45-54ページ。

45）前掲書44）50-51ページ。

46）上田貞次郎（1975b）「商事経営学とは何ぞや」『上田貞次郎全集 第一巻 経営経済学』第三出版、386-387ページ。

47）上田貞次郎（1930）『商工經營』千倉書房、1ページ。

48）前掲書47）2-3ページ。

49）片岡信之（2001）「日本における経営学の内容・体系の変遷」『桃山学院大学経済経営論集』42（4）、215-241ページ。

50）三戸公（2009）「日本の経営学、その過去と現在そして—新しい方向の模索—」『中京経

営研究』19（1）、79-98ページ。

51）Koontz, H.（1964）*Toward a Unified Theory of Management*, NY: McGraw- Hill, pp. 240-241.〈鈴木英寿訳（1971）『経営の統一理論』ダイヤモンド社、321-322ページ。

52）平田光弘（2009）「若かりし日々の回想」『星城大学研究紀要』（7）、86ページ。

# ~ 第 **2** 章 ~
# 科学と経営学の性格

## **1**── はじめに

　経営学は、その他の学問の中でもより実践学に近い学問の一つである。なぜなら経営学は、経営実践そのものの事象を対象としているがゆえに、その実践性、即効性、便宜性が要求されているからである。その一方、経営学に対して科学性を求める声も大きくなっている。この科学性は、おおよそ再現可能性を指している。つまり、偶然性の高いと思われる経営事象に、自然科学と同様の手法を用いて、その必然性を解明しようとする試みである。これは一般的に量的研究であり、これまでの特異な事例を挙げ解明する等の質的な研究とは、性格を異にするのである。

　また、科学においてその再現可能性、厳密性を担保するためには、明確な枠組みが必要になる。この明確な枠組みは、いわば実験室のようなものといえる。ある全体から部分を切り取り、その部分内という実験室を作成し、その内部で因果関係を解明するのである。全体から切り取った部分（実験室）は、全体という現実とはまた別の軸で作動する。それゆえ、実験室における正解は、そのまま現実における正解とはいえない可能性が高い。しかし、それでも経営学に再現可能性、厳密性が求められるのは、いわばテストである。経営学がさらなる深化をするためには、このような要求に応え続ける必要がある。ただし、それでも経営学は、答えが一つとは限らない反証可能性のある社会科学であることを忘れてはならない。

　今日の経営学において、その科学化、一般化を行った先駆者は、ファヨール（Fayol, J. H.）とテイラー（Taylor, F. W.）である。前者は、企業の管理一般

の原則を明らかにし、後者は、科学的管理法（scientific management）にて生産の科学化を行った。これまで、個別的に展開されていた運用に対して、その共通項を発見し、数値的根拠に基づいて管理が展開されていった。まさしく、当時において経営の科学化が行われたのである。しかし、科学的管理法においては、いわば"人の数値化"に対して多くの批判が起きたのである。このことは今日も同様で、感情を持つ労働者を経営学としてどのように考察するかは重要な視点である。

　経営学は、経営事象を対象としているがゆえに、多様でもあり複雑でもある。その内部には、実学的側面、虚学的側面も包含する。他にも、必然的事象、偶然的事象をも包含する。つまり、経営学はこのような両義的な領域を含んだ幅が広い学問といえる。特に、今日では実学的で必然的な側面の強調が見受けられる。つまり、再現可能性、厳密性である。しかし、いかにその部分的側面が強調されようとも、経営学の対象はその部分的側面を超え、より全体的である。

　そこで本章では、科学の性格を念頭に、全体と部分の関係からその限界性を考察する。また、今日経営学に求められている実学性、必然性とともにその両義的対局である虚学性、偶然性の関係から、今後経営学に必要となる枠組み、考え方の一つの論点を提示したい。


# 2 ── 科学について

## （1）語源からの意味と抽象化

### ❶ 語源からの考察

　語源は、ある単語がなぜそのような意味として用いられるようになったかという由来を表す。語源学は英語ではetymologyと表記され、その語源はthe study of the true sense of a wordであり、その単語の真意に当たることである。ただし、言葉自体はその時代とともに若干の変化が伴うことがある。

　例えば、夫はhusbandであり、語源はmaster of a houseという家の主人であ

る。当初は、「夫＝家の主人」という成り立ちから、その意味が当てはめられていた。しかし、今日では「夫＝家の主人」とは必ずしもいえず、古い意味から独立し、今日の真の意味である「夫＝husband」として一般化した。したがって、その単語がいつどのように現れ、過去・現在ともにどのように変化し使用されたかを確認しなければ、本質的な語源にたどり着くことは不可能である。

　語源における当初の意味から現在使用されている意味への変化は、時代の変遷とともに、その単語が行き来する文化や慣習などの影響を大きく受ける。民衆が語源と異なる解釈を加える可能性もあり、このことを一般的に「語源俗解」という。繰り返すように、現在使用されている単語の意味は、単語そのものの語源的な意味を表現しない場合もある。

　以上をふまえつつ、「科学」を語源から考察する。なぜならば科学の語源を調べてみると、これまで科学が突き進んできた歴史そのものが含まれているからである。確かに、時代によりその時々のパラダイムの影響を受け、多様な展開が見受けられる。しかし、それは科学の方法論の展開の一つにすぎず、本質的な科学としての意味は一貫している。ある意味で、科学は「語源俗解」のように異なる解釈を付け加える隙があまりなかったのかもしれない。

　一般的に科学は、英語表記をするとscienceである。scienceの語源を調べてみると、knowledgeやto knowなどの知識を意味する側面と、to separate one thing from another、to distinguish、to cut、split、rend、cleave、to divideなどの分けることを意味する側面がある。つまり、科学は何らかのまとまりがある全体に対し、部分的な箇所を切り取り、その外観、内観の特徴、仕組みやメカニズムなどを知る行為である。その際、科学を行為として行う主体は人間であり、その人間が対象を科学的に認知するために行う方法ということもできる。

## ❷　抽象化の効用

　事物を一般化することは、その現象を理解する方法の一つである。例えば分類学では、魚類、両生類、爬虫類、鳥類、哺乳類など、脊椎を持つ脊椎動物と節足動物や軟体動物などの無脊椎動物とに区別する。これは脊椎の有無により整理、分類されている。つまり、それぞれの特徴により分類し、理解をする行

為である。池田清彦は、分類をもとに現象を説明しようとする行為が科学であるという[1]。まとまりのある全体そのままを分類することは、不可能である。主体が全体を説明可能にするためには、部分を切り取り加工する必要があり、この行為そのものが科学であるという。


## （2）全体と部分の理解

### ❶ 部分の切り取り

　全体そのものは、特段の定めがない限り相対的に考える必要がある。日本の首都である東京は、東京に住んでいる人々にとって全体かもしれない。しかし、国民国家論的にいえば、東京は日本にとっての部分であり、日本は世界にとっての部分である。このように、定めを設けない限り、半永久的に全体の部分化現象が繰り返される。したがって、科学として切り取って部分化するためには、まずは対象としての全体そのものを規定する必要がある。この行為は科学における対象の設定であり、ここから部分を切り取ることにより科学が始まる。

　17世紀ごろコペルニクス（Copernicus, N.）の説を発端とした科学革命（scientific revolution）が起きた[2]。彼は、これまで信じられてきた天動説に対し、キリスト教の教義を根底から覆すことになった地動説を唱えた。当初の地動説は不完全であり、多くの人に受け入れられることはなかったが、彼の死後、ガリレオ（Galileo, G.）、デカルト（Descartes, R.）、ニュートン（Newton, I.）らによって地動説から始まった本格的な科学革命が形成された。クーン（Kuhn, T. S.）の言葉を借りれば、これまで特定の時代や分野において支配的であった考え方が変化する、すなわちパラダイムシフト（paradigm shift）が起きたのである。

　中でも、近代合理主義科学における要素還元主義（reductionism）の確立、さらには還元主義的機械論（reductionistic science of mechanism）の支配的地位獲得は、目を見張るものがあった。これらの考え方は、今日の社会経済や学問的アプローチなどに大きな影響をもたらしている。確かに、物理法則、科学的現象による説明は大きな説得力を持ち、かつ納得性もあったと思われる[3]。

それは、見えやすく認識しやすいからである。しかし、経営学をはじめとした人と人との相互連携、不可逆的変化、組織の自己創成等の認識しにくい分野を説明することは困難である。あくまでも、利便性があるがゆえに多くの人、分野に取り入れられたという側面も大きいと思われるため、注意を払う必要がある。

　一例として、生命に対する科学的解明を系譜的に見てみる。生命現象の解明は、大きく分けて機械論（mechanism）と生気論（vitalism）がある。前者は、生物を複雑な機械として捉え、生物を構成する要素の力学の因果関係として捉えるものである。つまり、生命を機械作動と同様に考え、各部品間の連結による結果として生命活動を理解しようとした。後者は、生物には機械の作動メカニズムでは説明することができない固有性があると捉えるものである。

　生物学において当初、胚は各器官の原形がその内部に存在するという前成説であると思われていた。しかし、各器官の原形がない状態で形成されるという後成説が正確であるとされ、発生学が主流となった。これは、生命現象を他律的に見るか自律的に見るかという部分的視点の相違である。つまり、両者の根本的な相違というよりは、同一現象をどのように理解し説明するかという方法論、または視点の相違である。

## ❷　切り取った部分の不完全さ

　福岡伸一は、対象を理解するためには切り取ることが必要といいつつも、切り取ることにより理解ができなくなるという[4]。ここで、2つの段階があることに注視する必要がある。それは、1）理解をするために切り取るという主体の能力に起因する行為と、2）切り取ったそのものが全体から分離したがゆえに理解できなくなるという対象物の問題との2つである。この2つは明確に分類される必要があり、本章では、2）について取り上げている。

　さて、話を戻し還元主義的機械論として考えるならば、福岡がいう切り取りによる不理解が起きることはない[*1]。なぜならば、還元主義的機械論は、全体から部分を切り取り（分解）、その部分または要素を分析することにより、全体を理解することが可能という立場をとるからである。

福岡の論を引用してみよう[5]。

　この世界のあらゆる要素は、互いに連関し、全てが一対多の関係で繋がりあっている。世界を構成するすべての因子は、互いに他を律し、あるいは相補している。そのやりとりは、ある瞬間だけを捉えてみると、供し手と受け手があるように見える。
　しかし、次の瞬間に目を移すことができれば、原因と結果は逆転しているであろう。あるいは、また別の平衡を求めて動いている。つまり、この世界には本当の意味で因果関係と呼ぶべきものは存在しない。

経営学では、経営一般、組織一般の事象をその対象とする。例えば、近代組織論の創始者であるバーナード（Barnard, C. I.）は、著書『経営者の役割』において、「個人と組織」の章の冒頭で以下のように述べている[6]。

　組織の研究、あるいは組織との関連における人々の行動の研究をすすめようとすれば、どうしても「個人とは何か」「人間とは何を意味するのか」「人はどの程度まで選択力や自由意志をもつものか」というようなすぐに出てくる、二、三の疑問に直面せざるをえないことがわかる。できることならこの難問を回避し、いく世紀たってもいまなお論じ続けている哲学者や科学者に委せてしまいたいが、たとえわれわれが明確に応えることをさけても、結局はこのような問題からのがれられないことがただちに明らかとなる。
（中略）
　協働や組織とその機能を論ずる場合に、「個人」と一口に言っても、そこには非常な相違が見られる…
（中略）
　したがって、本章では、つぎのごとき諸問題を簡潔に論ずることとしよう。（1）個人の地位及び人間の一般の特性、（2）この書物における個人や人間の取扱い方法、（3）協働体系外の個人的行動の特徴、（4）個人的行動における「有効性」ならびに「能率の意味」…（後略）

と述べ、『経営者の役割』では個人や人間の扱いを「個人の一定の側面（aspects）、人々の一定の活動のみに留意し、全体として個人を考えるのではない」とした[7]。

　彼は、組織論の本質は個人の人間的な側面であること、すなわちその全体性であることを指摘しつつも、それを扱うことの困難性に憂いている。近代組織論の父とまでいわれ、経営学に人間的要素を多分に含ませた彼でさえ、その限界を述べている。そして結局『経営者の役割』では、個人の部分的側面のみを取り上げ、論理展開をしている。人間を扱う経営学は、おおよそ、人間の一側面に焦点を当てなければ展開が困難である。逆説的にいえば、人間の全体性を部分化しなければ展開ができないのである。

　組織一般のメカニズムは多様な要素がある。その中でも、組織と個人との関係、特に誘因−貢献関係において展開がされている。これは組織一般という全体の現象に対して、誘因−貢献関係という部分に焦点を当てているからである。全体をそのまま分析することは不可能であり、部分的に分析をしている。これが科学の手順である。ただし、部分的分析を接合したからといって、全体が見えてくるわけではない。切り離した瞬間に、全体として動いていた部分は、元の部分ではなくなってしまう。しかし、分析するためには、部分に切り取らなければならないという矛盾の連鎖が起きるのである。


## （3）科学の軸と再現性

### ❶ 実学と虚学の軸

　科学には、重層的な意味が内在している。一般的に科学というと、物理学、化学、天文学をはじめとした自然科学を指すことが多い。その一方で、学問全般を含むことがある。また、その中間に自然科学は科学で、社会科学は科学ではないという極端な議論もある。例えば、社会科学の一部門である経営学では、"科学的に"というと"自然科学の方法に従って"という枕ことばのような表現を用いることがある。これは、経営学は科学ではないという隠喩だろうか。したがって、科学であっても、どのような意味を中心的に指しているかを確認

しながら使用することが必要と思われる。

　大枠の科学は多様な分類が可能であるが、ここではその中の一つの分類軸である実学か虚学かで考察する。前者は社会科学、応用科学が当てはまり、後者は自然科学、形式科学が当てはまる。実学は、現行の国家、社会や組織などの役に立つという目的を追求する学問である。本来は、人類全体の福利の向上が実学の目的であるが、一般的に企業の利潤追求などの方法論が研究や議論の中心になっている。したがって実学は、目的に直接的な行動をとるため目的的行動を対象とする。

　虚学は実学の対極にあり、目的というよりは、その意味、意義、そこにある真理を追究する学問である。したがって、実学の目的的行動に対し、真理を求める真理追究的行動を対象とする。もちろん、便宜的に分類しているため、実学に虚学の要素が含まれることも多分にあり、逆も然りである。ここでは、わかりやすさを重視して相対的に分類している。

　ここで問題となるのは、目的的行動である実学と真理追究的行動である虚学とがどのような関係にあるかである。一見、性質的に相反する概念と思われるが、実学と虚学は表裏一体というよりは、相補的に考えることにより人類の福利向上が達成できると思われ、どちら "か" ではなくどちら "も" 必要である。

　例えば、1970年に八幡製鐵と富士製鐵とが合併して新日本製鐵が誕生し、日本初の売上高1兆円企業となった。「鉄は国家」といわんばかりの発展であったが、今では鋼業は下火になっている。その後、次世代の繊維であるとかAIであるとか、今日ではデータサイエンスなど、実学における中心トピックが目まぐるしく変化している。以上のように実学として見ると、社会情勢により多様な変化が見受けられる。その一方で、虚学は目まぐるしく変化する社会情勢に左右されず、本質的な真理を追究し続ける。そもそも役割が異なり、優越の差をつけることもできない。ただ、相補的な役割分担があるのは確かである。

　日本資本主義の父といわれる渋沢栄一は、1916年に『論語と算盤』を著した。この著書では「道徳経済合一説」という理念を打ち出し、倫理（論語）と利益（算盤）は両立する必要があるとした。そもそも、利益を生み出すのは仁義道徳であり、正しい道理のもとでの富でなければ永続性はないとする。つまり、

算盤という数字（実学）に、哲学、道徳（虚学）をどのように一体化させるかが理念の中心であった。日本経済界、経営界で有名なドラッカー（Drucker, P. F.）は、渋沢を以下のように評価している[8]。

　　日本では、官僚から実業界へ転身した渋沢栄一（1840-1931）が、1870年代から80年代にかけて、企業（business enterprise）と国益（national purpose）の関係性、企業ニーズ（business needs）と個人的倫理観（individual ethics）の関係性について問題を提起した。のみならず、マネジメント教育に力を入れた。渋沢は、プロフェッショナルなマネージャーの必要性を最初に想定していた。

　　今日でいうSDGs（Sustainable Development Goals）やCSR（Corporate Social Responsibility）など社会に対する配慮は、渋沢が実学と虚学との統一体として先駆的に行っていた。したがって、社会への配慮などは特段に新しいものではないが、これらが目新しいかのようにしてその重要性が叫ばれるのは、これまで経済成長のアンチテーゼとして扱われていた社会問題が、経済側面との統合体として認知されたことが大きいと思われる。しかし、いずれにせよ、以前から経済成長と社会問題は統合的に扱われていたのである。

### ❷ 必然性と偶然性の軸

　次に、必然性と偶然性との区分で考察をする。ここでいう必然性と偶然性の境は、相対的で統計上の区分であり、確率が高い、確率が低いという表現が可能である。

　図2-1において枠が2つある。外側の細い枠は全体であり、内側の太い枠は科学として切り取る予定の部分である。事象Zは、見たところによるとXとYからの影響を受け形成されている。しかし、事象Zはbからも影響を受けているようである。b自体の存在は、はっきりと特定できたが、どのような影響を与えているかは不明なままである。他にも、「？」から影響を受けていること、またはそのように考えなければZが存在しないことは明確にされたが、正体は

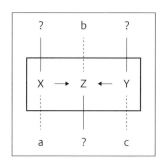

図2-1　切り取りのモデル

出所：筆者作成

不明である。XとYは太枠外から影響を受けているが、上記のように明確化することは困難である。したがって、多様な因子により事象が構成されているにもかかわらず、定式化するとX→Z←Yというシンプルなものになる。より詳細にいうと、X→Z←Yしか定式化できないのである。

　その際、XとYとZの因子間で起きる現象は、定式化され必然的であるとされる。それ以外の因子による影響で起きた現象は、想定外であり偶然的であるとされる。もちろん、研究の発展やパラダイムシフトなどにより、太枠の範囲は変動または移動したりする。このときに、どこに定式化ができる範囲を設定するかという任意の作業が行われる。かつ、遠因よりも近因が基本的に採用され、これが研究をする観察者としての視点である。ただし、全体は部分である太枠よりも壮大で複雑なメカニズムで作動しており、太枠が定式化できたからといって、その定式が全体や他の範囲に通用するとは限らない。あくまで一事例となる場合が多く、検証する必要がある。

### ❸ 再現性の可能性

　科学において必然性は、再現性（reproducibility）によって担保され得る。スターク（Stark, P. B.）によると、科学的な結果を伝えるには、どうしても省略できないものを列挙し、記録し、報告することが必要であるという[9]。この意図は、研究主体ではない他者が、同様の環境下で同様な実験をした場合、同

様な結果を導くことを可能にするためである。そのためには、再現性の前提条件である事前再現性（preproducibility）が必要である。これは、分野を超えて意味を持つものであるという。以下、事前再現性について引用する[10]。

　事前再現可能な科学的報告と現在の一般的な実践との違いは、部分的な材料リストとレシピの相違に似ている。美味しいパンを焼くには、小麦粉が含まれていることを知るだけでは十分ではない。他にも小麦粉、水、塩、イースト菌が含まれているだけでは十分ではない。小麦粉の銘柄や、パンが焼かれた曜日を省略することは可能である。しかし、材料の比率、作業、そのタイミング、オーブンの温度は、そうはいかない。

　科学的レシピ（scientific recipe）という事前再現性があれば、同じような科学的パンを作ることができる。レシピに従ったのに同じ結果が得られない場合は、結果が制御できない小さな細部に対して敏感（sensitive）であるか、結果が正しくないか、レシピが十分に正確でなかった（不利な点が省略された）かのいずれかである。

　スタークのいう「材料リスト」と「レシピ」との相違は、今日の理論と実践との相違の議論そのものである。単純な物体を構成しているものは容易に認識できるが、相互作用のある現象を構成しているもの、またはそのものを認識するのは困難である。例えば、ある経営現象において、それを構成していると思われる材料を集めることは可能である。それはあくまでも"思われるもの"であり、図2-1の太枠内のように判明可能な因子しか集めることしかできない。もっというと、経営現象を構成する因子とそれぞれの関係性をすべて認識することは困難であり、パンづくりとは異なる。それは、関係する因子が要素となる事象、構成物よりもシステム論的に広がりがあり、明確な因果律を発見することが困難だからである。

　今日、再現性の問題が心理学を中心として活発に議論されている。「再現性の危機（replication crisis）」とまでいわれ、科学の信頼性を回復するために科学の自己修正能力（science's self-correcting nature）の必要性が叫ばれてい

る[11]。ただし、再現性を確認するための実験において、小さい手順の違いにより結果が異なるということが、多々あったことも指摘する必要がある[12]。つまり、一次データの論文に問題があったのではなく、それを検証する論文において問題があったということである。これは、研究手法の厳密性の問題で研究主体の問題であり、直ちに修正する必要がある。

　さらに、再現性のある論文よりも再現性のない論文の方が引用数が多いという[13]。これは、再現性そのものよりも結果やテーマなどが興味深いものであれば、後者が選択的に採用されるからだと予想できる。現に、その論文の方法論的問題が指摘された後でも、その該当論文は引用され続けている。事実そのものは客観的に存在したとしても、研究主体による科学という行為によって、恣意的、主観的に研究手法、切り取りが行われる可能性がある。こうしたことを回避するためにも、その研究における「材料リスト」の提示と「レシピ」の提示が必要である。これは、厳密であればあるほど再現性が高いといえる。つまるところ、「材料リスト」と「レシピ」を料理人である研究者が、どのように調理するかでおいしくもまずくもなるのである。


# 3 —— 経営学の構造


## （1）経営学の性格一考

### ❶ 経営と管理

　第1章において、経営学の系譜的検討を行った。端的に振り返ると、大きく分けて2つの源流があり、ドイツ経営学とアメリカ経営学であった。ドイツ経営学では、資本主義の発展に伴い商学の手続き以上の総合的な学問が要求された。方法論争にまで発展し、多様な理論展開がなされた。アメリカ経営学は、能率増進運動により工場生産における作業能率の効率化が必要とされた。実践的なアプローチが多く、理論的なドイツ経営学とは一線を画していた。しかし戦後、アメリカ経営学の台頭により両者の境は曖昧になり、統一化が模索され

ている。例えば、日本経営学は、骨をドイツから肉をアメリカから取り入れ、日本経営学として統一を図ろうとしている。

経営学の英語表記は、論者によってadministrationであったり、managementであったりする。前者の語源はto manage、carry out、attend、serveであり、経営する、実行する、付き添う、奉仕するという意味がある。後者の語源はto control a horse、horsemanshipであり、手を使いコントロールするという意味がある。日本では、経営学と管理学とを明確に区分せず、経営管理という用語もつくり出されたが、本質的には言葉が異なれば意味が異なるはずである。さらに、今日ではマネジメントという用語ですべてを表そうとし、曖昧なままで使用されている傾向がある。

北野利信は、両者を明確に区分している[14]。北野は経営学をアメリカ的にmanagementの学と理解し、「経営」をmanagementとしている。その一方、ドイツ的な視点の研究者はBetriebの意に「経営」をあて、経営学をBetriebの学としているという。アメリカ経営学では経営を機能として捉え、ドイツ経営学では実体として捉え、その折衷案として「経営管理」という合成語ができてしまったと指摘する。しかし、両者が異なる対象に焦点を合わせていることには、文化的理由があるといい、それを無視して観念的折衷を行うことを危惧している。北野は管理と経営との相違について、以下のように述べている[15]。

　　管理は確立された組織機構のなかで常軌化された現業活動が実施されるのを見とどけ、常軌を逸脱しないように見守る。経営はむしろこのような常軌活動を関係づける機構そのものを環境の変化に順応させ、それによって全体としての組織が環境のなかで均衡を維持していくようにつとめる。

北野に従うと、管理は組織内の定式化された業務が遂行されているかに焦点が当たり、経営は組織内を前提とし、組織外との調整または対応に焦点が当たる。まず組織という曖昧な外枠があり、その内部を見ることが管理である。次に組織内部と外部とを連携させ、内部を外部に順応させることが経営である。ただし、今日は組織社会となり、組織の影響力が大きくなった。したがって、

外部（他組織）から内部（当組織）へと影響を与えることも可能になっていることを付け加えておく。

　他にも小笠原英司によると、経営学の独自性は企業組織体に限らず経営体という組織体を対象とすること、経営体を行動主体とみなし、機能面と変容の過程を内観的に解釈しようとすることであるという[16]。基本的に北野と同様な定義付けであり、他の研究者の研究を見ても似たものが多い。しかし、若干のずれや定義が定まらない理由は、経営学に幅があり、かつ視点の相違があるからである。

　具体的には、ドイツ経営学を源流に持つ企業学としての経営経済学、アメリカ経営学を源流に持つ組織学としての管理学における実態把握と機能把握がある。上述の通り、日本経営学は「骨はドイツ、肉はアメリカ」と表現されるように、戦前は両者を統一化し学問的発展を遂げる道を模索し、戦後「アメリカ経営学一辺倒」になった[17]。そのうえで、三戸公は、経営学は4つの方向を取り得るという[18]。1）経営経済学（ドイツ経営学）と経営管理学（アメリカ経営学）との並立・並存、2）経営経済学と経営管理学との統合・融合、3）経営経済学の鈍化、4）経営管理学の鈍化である。ここでは細部まで言及せず、経営学は、このように幅があるということだけにとどめておく。

　以上のように見ると、経営学は捉えようのない雲のような学問と思われる。事実、今日、組織に求められる責任や役割などが多岐にわたり、かつ広がって、複雑に絡み合っている状態である。そこで、歴史研究はその学問そのものであるという観点から、経営学そのものの始まりに一度立ち返ってみる[19]。

## ❷ ファヨールの管理論

　おそらく、最初に経営学を体系的観点で研究したのは、フランスのファヨールとアメリカのテイラーである。テイラーは、科学的管理法において、"経験から科学へ"と管理者と労働者との"対立から調和へ"の2つが大きな命題であると指摘した。これらは経営学において重要な命題であり、今日でも重要な観点である。"経験から科学へ"は経営工学的要素であり、組織体における機能性を追求した効率性追求である。"対立から調和へ"は、今日の言葉でいう

と協働体系における人間性の統合追求である。経営学の原点は両者のどちらか
という議論は一度横に置き、まずはファヨールに従い、雲をつかんでみようと
思う。

　ファヨールは、企業の活動を6つの種類に分類した。1）技術的職能（fonction
technique）（生産、製造加工）、2）商業的職能（fonction commeiciale）（購買、
販売、交換）、3）財務的職能（fonction financière）（資本の調達と管理）、4）
保全的職能（fonction de sécurité）（財産と従業員の保護）、5）会計的職能
（fonciton de comptabilité）（財産目録、貸借対照表、原価、統計、等々）、6）
管理的職能（fonction administrative）（予測、組織、命令、調整、統制）であ
る[20]。さらに、経営は「企業が自由に処分するすべての資産から可能な最大の
利益を引き出すように努めながら、企業をその目的へと導くことである。それ
は6つの本質的な職能の運びを確かなものにすることである」[21]という。以上
から考えると、管理と経営は明確に異なる。管理は機能になり、経営は運営、
実行そのものである。

　また、彼は「管理機能は器官ならびに社会体を持つにすぎない。その他の職
能が材料と機械を活動させるのに反して、管理機能は従業員に働きかけるだけ
である」と述べている[22]。今日の大規模化する企業を考えれば、「経営者」[*2]た
るものが企業のすべての機能や資源などの管理をすることは不可能である。そ
こで、管理機能を駆使し、ヒト（一般的には部下）にモノの管理をさせる。つ
まり、この点において管理機能は、他のモノを扱う機能とは次元が異なる。例
えば、アレン（Allen, L. A.）はファヨールに対して管理機能と他の機能を同
列にしていると批判しているが、それは的外れであるといわざるを得ない[23]。
組織が発達すればするほど、経営者はヒトの管理とモノの管理とを同列に扱う
ことが困難になる。つまり、大規模化した組織に対してヒトの管理、すなわち
管理機能に集中せざるを得なくなる。一般的に管理可能範囲は「管理の幅」と
いわれ、人間の能力の限界を表している。

　ファヨールの6つの機能において、おおよそ外部環境との関係性を扱う機能
は商業機能であり、購買、販売、交換が行われる。その際、時代的背景を加味
すれば、今日のマーケティングのような外部環境を想定した動的な相互作用で

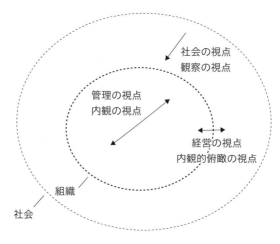

図2-2　経営学の3つの視点

出所：筆者作成

はなく、静的な作用と思われる。つまり、企業内で生産されたモノ・サービス
の計画的販売が主であり、市場の動向は大枠として捉える程度にとどまる。し
たがって、彼が想定していた管理は基本的に企業内部のことであり、外部環境
は一つの要素にすぎない。もちろん、その後、外部環境を加味することが重要
なことは、今日の状況を見れば誰の目にも明らかである。

　当初、管理は基本的には組織内部を想定していたものであった。それは、今
日のように外部環境が、動的ではなく静的であると考えられていたからである。
そのため、管理という視点のみでおおよそは事足りていた。しかし、外部環境
の静的から動的への変化に伴い、経営という視点が必要になった。さらに、そ
こに価値的視点を加味した社会的視点も要求されるようになったのである（図
2-2）。

### ❸ 経営学のひろがり

　例えば、アパレル、アウトドア商品を展開するパタゴニア（patagonia）は、
アメリカにおいて直営店、オフィス、配送センターで使用する電力を100％再
生エネルギーにすることを達成し、またオーガニックコットンを採用するなど、

環境への取り組みが評価されている会社である*³。これは、パタゴニアのビジネスと社会のニーズを確保してきた結果である。さらに、未来に向けて大きな目標を設定するなど、積極的に社会問題と向き合っている。

　一方でスポーツ用品を扱うナイキ（Nike）は、製品製造を委託するインドネシアやベトナムなどの東南アジアの工場において、児童労働や劣悪な環境で従業員を働かせていたことが1997年に発覚し、発展途上国から先進諸国が労働搾取するという構図が明るみになった。それにより大きな批判を受け、世界的に不買運動が広がった。しかし、実際には、売上推移を見てみても不買運動がそこまで大きな効果を持ったとはいえず、効果があったとしても一時的なものであった。特に、日本においては社会問題や環境問題などに対する意識はほとんどない*⁴。消費者が重視するのは、価格やブランドといった外見であり、その商品やサービスなどがどのように形成されていったかという過程には興味がない。おおよそ、これが現実であり、社会問題や環境問題などを大きな問題とするのは、一部であるといわざるを得ない。

　経営学をはじめとした社会科学は、全般的に拡大志向になっている。例えば経済学は、合理的経済人（homo economicus）を想定していた。しかし、より現実的な主体を想定するため、感情や脳神経などを加味した行動経済学、神経経済学などが今日盛んになっている[24)][25)]*⁵。経営学においても、全人仮説を唱えたバーナードは、人間を経済合理性があるものだけでなく感情もあるものとして捉えた。一方、今日の企業は社会的責任も要求されるとともに、管理、経営以上の社会的視点が必要とされ、企業経営そのものの是非が問われている。

　このように、多様にかつ複雑に拡大している経営学は、雲のような存在で実態をつかむことが困難であるが、段階的に考察すれば管理の視点、経営の視点、社会の視点から考察することができる。しかし、それらを総称してマネジメントとする場合、広義の経営学として捉えることになる。多くを経営学で捉えようとすると、抽象度が高まることは自然である。抽象化は議論の促進には功を奏すが、具体性を加味した実効性とは相性が悪い場合が多い。そのため、今一度、原点に立ち返り、経営学を見つめ直し、整理する必要があるのかもしれない。

## （2）経営学の科学性

### ❶ テイラーの科学的管理法

　第1章でも述べたが、テイラーの科学的管理法は、次のような要素から成り立つ[26]。1）経験則ではなく科学、2）不協和音ではなく調和、3）単独作業ではなく協力、4）最大限の出来高、5）効率の向上と豊かさの追求である。彼は、マネジメント（management）の目的は、雇用主が「限りない繁栄」と働き手が「最大限の豊かさ」を統合的に持続させることであるという。そのためには、効率性を追求し出来高を最大限に増加させる、すなわち科学的管理が必要である。その意味でいうと科学的管理法はツールである。つまり、テイラーの"経験から科学へ"と"対立から調和へ"という2つの大きな命題は、性格と段階が異なる。前者は、主体は人間ではあるが機能的な側面の再現性を高めることであり、後者は、より人間的な相互作用の結果である。前者は、科学との相性は良いが後者はあまり良くないと思われる。

　科学的管理法においてテイラーが中心的に行ったことは、数値による定式化そのものである。彼は、課業管理（task management）により1日当たりの作業量の設定、その条件、用具等を標準化した。これまで分量方式（rule of thumb method）、成り行き経営（drifting management）で行っていたものに対して、明確な目標値を設定した課業管理を行ったのである。作業の標準化は、具体的には時間研究（time study）と動作研究（motion study）であった。生産工程における生産標準時間を設定し、作業動作と連動させ、厳密な標準化を行ったのである。

　これらは、管理概念の確立に大きな貢献をしたといっても過言ではない。急速な市場拡大による機械化は、これまでの師弟制度をもとにした体制では対処が困難であった。もっというとその後主流となった、大量の未熟練工を抱える大規模生産体制では、経験的な伝達では通用しなかった。テイラーによる科学的管理は、これらを管理し統制することに成功したのである。

　しかし、科学的管理による頭脳労働者と肉体労働者の分離は、資本階級と労働階級の階級闘争激化の火種となった。また、現場管理への傾倒も大きな批判

のもとであった。科学的管理の中心は、生産現場における方法論であり、効率
追求であった。企業に対しては、トータル的な管理が必要であるが、生産部門
のみに焦点を当てた議論は、時代背景を加味したとしても狭小といわざるを得
ない。さらに、人間性の欠如も問題となった。科学的管理法は、良くも悪くも
数値化して管理をすることを中心としており、いわゆる人の数値化である。作
業量、使用道具はすべて管理されており、そこに自主性の入る隙はない。反復
的な作業に終始し、無味乾燥的な画一的な作業になってしまう。以上が大きな
批判であった。ただし、上述のようにテイラーにおけるマネジメントの目的は、
雇用主と働き手の両者の繁栄であった。問題は、その達成のために行ったこと
が狭小すぎたことであった。それでも、管理という大海原を切り開いた一人で
あることは間違いない。

## ❷ 数値と人

　科学的管理法が批判を受ける大きな要因は、上述のように一言でいうと「人
の数値化」であった。その後、1927年から行われたホーソン実験によりイン
フォーマルなグループが確認された。つまり、機械的な作業とともに個人的な
関係性、人間関係が確認されたのである。それ以降、組織は公式的な組織（formal
organization）と非公式的な組織（informal organization）の相互作用によって
存続していることが組織論の一般的な理解になっている[27]。したがって、これ
まで数値の奴隷であった人間は、数値から解放され"人間"として扱われるよ
うになったのである。今日では、経営学者は「数字と人間（numbers and
people）」という 2 つの領域に分けて観察することが一般的になっている[28]。

　例えばミンツバーグ（Mintzberg, H.）は、マネジメントの構成要素は、アー
ト（art）、サイエンス（science）、クラフト（craft）が混ざり合ったものであり、
定式化できるサイエンスのみではないという[29]。サイエンスは、研究を通じて
体系的な知識を獲得することを中心としているが、マネジメントの目的は、組
織で物事を成し遂げるための後押しであり、目的そのものが異なっている。つ
まり、マネジメントの概念は組織を対象としているが、その構成要素は多様で
あり、一方では数値化が可能であり、他方は数値化が困難であり、そもそも数

値と相性が悪いこともあり得る。マネジメントを狭小化して考えてしまうと、科学的管理法で負った批判がそのままマネジメントにも返ってきてしまうのである。

### ❸ 経営学の両義性

　多義性を極める経営学の構成要素を書き切ることは、筆者の能力の限界はもちろん、紙幅の都合もあり不可能であるが、経営学を構成する要素の抽象度を上げた場合、図2-3のように分類が可能である。もちろん、他の区分が可能であることや2軸のみでは表すことが困難であることなども承知している。ここでは本章の展開上、便宜的に作成したことを理解していただきたい。また、Y軸の実学と虚学、X軸の必然性と偶然性に関しては、先に述べた通りである。厳密には述べていないが、経営学の性格の一部を理解するうえで、特段の問題はないと思われる。

　経営学は、実学と虚学から構成される。換言すれば、自然科学と社会科学や物体と精神（非物体）などという表現が可能かもしれない。ここでの本質的な問題は、それぞれの定義をしたうえでの区分ではなく、経営学が両義的な意味

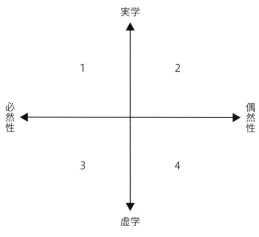

図2-3　科学の分類

出所：筆者作成

を含んでいることである。必然性と偶然性においても同様である。したがって、経営学におけるこれまでの議論、すなわち科学かどうか、数値化できるかどうか、手段なのかどうか、という議論は基本的にすべて経営学の内部で分類できる。問題は、どの領域でどの議論をしているかであり、この両者が噛み合っていないと相性の悪い議論がいつまでも続く。

　マーケティングにおいて、一般的に使用される統計学は、図2-3の領域でいうと1である。統計的に可能性が高いものを選別していき、そのデータをもとに再現可能性を加味するのである。それが厳密であればあるほど、必然性が高いという一応の評価を受ける。例えば、コンサルティング会社の一例を挙げる。コンサルティング会社で行われる一般的な手法として、定式化されたツールを顧客の個別事例に当てはめることが多々ある。成功する場合もあれば成功しない場合もあり得る。本章の内容でいうと、これは相性の問題である。定式化された必然性の高いツールを必然性の高い個別事例に適応できれば、再現性の可能性が高まり、成功という結果になる。逆に、偶然性の高い個別事例に適応すれば相性が悪い、すなわち成功しなかったという結果になる。

　この手の問題は、経営学に幅があることを忘れていることが原因である。必然性が高いまたは定式化されたからといって、すべてに適応することは困難である。それは、世界はもつれてつながっている「tangle world」だからである[30]。図2-3で端的に表現したものよりも、現実はより複雑で多層的に絡み合っている。それを局所的に対応しようとすることに大きな問題がある。確かに経営という現実は幅広く、中には必然性の高いものもあり、ないものもある。そこを曖昧であっても区分し、領域として理解する必要がある。領域が異なるものを無理やり適合させようとすると、大きな作業と厳密な手順が必要であり、多くの場合は相性が悪く、失敗することが多い。

　例えば、医学では臨床医学という現場に重きを置いた学問分野がある。一般的に基礎医学と対になる概念である。しかし、経営学には臨床経営学とされる分野はない[*6]。もちろん、経営学も現場を第一義的に想定している。しかし、「経営学＝現場」という隠れ蓑により、医学のような偶然性の領域から必然性の領域に移行する臨床という手順を怠ってきたと思われる。少なくとも経営学者の

大半はこの作業を怠ってきており、代わりにコンサルティング会社が行っている。これが、「経営学＝現場」といわれ続け、今もなお理論と実践とが分離している現状である。

　平田光弘は、「経営学の学」（経営学の学説研究）と「経営の学」（実践経営の理論・実証研究）に分けることができるという[31]。もちろん、分類して考察することは科学の手法上必要である。しかし、分類した後はどうなるのかが、経営学の中で合意形成が取れていない。医学のような臨床経営学なるものが必要となるのか、または臨床経営学とは異なる別の枠組みが必要なのか、経営学者総出の議論が急がれる。


## （3）経営学の未来

### ❶ 経営学における数値と非数値

　経営学は、組織を対象にしながらもそのメカニズムの解明は複雑であり多層的である。物質を扱うものもあれば、目に見えない精神、道徳や哲学などを扱うこともある。すべてに必然的な再現性があれば良いが、その多くは偶然性の連鎖であることも多い。これらを捉えるため経営学は分化し、多様な現象を捉えるよう努力した。もちろん、これは経営学が学問として発達する過程と考えれば、至極当然であり必要なものである。問題は、クーンツ（Koontz, H.）が「経営理論のジャングル（The Management Theory Jungle）」と表現するように、その統一化が行われていないことである[32]。

　これまでの学問的な経営学の発展の背景には、技術的な商業の統一体として体系化が必要だったことと、組織体の効率的運用という技術的な側面と人間性の発揮という側面があった。もともと、図2-3の領域2にある偶然性の高い実学をどう認識するのかの作業であった。体系的にはその必然性が必要であり（領域1）、人間を加味する場合は経営資源の対象としてのヒトを考察する必要がある（領域3）。また、経営学は手段という方法論だけではなく、そこに哲学的思考も必要となった（領域4）。このような行き来が経営学の端的な流れであり、分化が起き、ジャングルになった要因である（図2-4）。これらの統

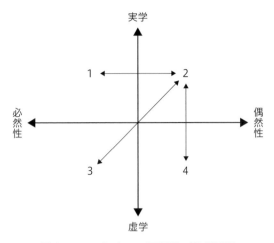

**図2-4　これまでの経営学の形成過程**

出所：筆者作成

一化という問題は、ただつなげるだけではなく、経営学の幅の広さ、すなわち理論を実践に応用する距離を加味し、その距離に含まれる要素が多いことを念頭に入れる必要がある。

　今日、経営学に必要といわれている領域は1である。上述のように数値化、定式化、データ化と相性が良い領域である。数値それ自体は何ら本質的な意味を持たないが、意思決定や説明などの際に多大な秩序を与える。場合によっては、主体が述べる主観的な論述であっても、数値があることによって客観的に変容する可能性もある。数値は魅力的であり、歴史的には不思議な力があるとされていた[33]。それは今日においても同様であると思われる。数値、データがすべてであり、そこにその他の要素が従属している。しかし、数値は説明容易性、説得性があるとしても、現実においては数値も非数値も等価のはずである。

　異なるパラダイムでは、共約不可能性（incommensurability）があり、それぞれの尺度で他方を測ることはできない[34]。仮に、経営学における数値と非数値の関係が異なるパラダイムであるならば、片方の尺度でもう片方を測ることは不可能である。上述のように数値に説明容易性、説得性があったとしても、それは外的な作用の問題であって、非数値を測る尺度にはなり得ない。双方は、

統合体としての部分と部分である。

## ❷ 経営学の多様な視点

　共約不可能性の観点でいえば、経営学の視点の多様さも良い例である。図2-2では、経営学には管理の視点、経営の視点、社会の視点があると述べた。この3つのうちどれが重要かといわれれば、すべて重要というほかない。確かに、優先順位を付ける場合があるとしても、本質的には等価である。他にも「経営の学」としての経営学と「経営学の学」としての経営学、すなわち実践と理論も等価であり、優劣をつけることは不可能である。

　このように、共約不可能性を含有する経営学には、新しい展開が必要であるといわざるを得ない。相反するようなものを一方の尺度で測定したり、従属することなく、統一体として認識する枠組みである。図2-5でいうと実学と虚学との間、必然性と偶然性との間に位置し、それぞれの領域を行き来しながらも偏りなくバランスが取れる枠組みである。ポイントは、常に中央に位置する必要はなく、場合によっては任意の領域に移動することが可能であり、帰属先

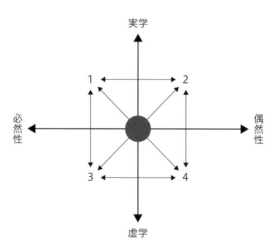

図2-5　必要とされる経営学の形成過程

出所：筆者作成

として中央に位置するのみである。これが経営診断学の領域なのか、臨床経営学の領域なのか、はたまた新しい学問なのかはわからない。ただし、ダイナミックな現状を捉えるには、ダイナミックに捉える概念が必要であることは間違いない。残念ながらここでは、筆者の能力不足でアイディアの一部として提案するのみにとどめる。

### ❸ システムとしての経営学

　経営学において、両義的に考えることや相反することをつなげることに関して、システム論として考えることも可能である。いわゆるベルタランフィ（Bertalanffy, L.）の「一般システム理論」である。これは相互関連的要素から全体がなるとした抽象理論である。ジョンソン（Johnson, R. A.）らは、この抽象理論を管理学に統合することを試みた[35]。システムによって管理することで、実務としての優位性または哲学的にも考察でき、効果的な管理が可能になるとした。しかし、この抽象的枠組みは多様な要素を連結することにより、そこに隙間をつくることになってしまった。または、枠組み自体は拡大したが、そこにしっかりとした肉が付いておらず、「栄養失調（malnutrition）」状態の経営学をつくってしまった[36]。

　経営学の領域は、年々拡大していると思われる。それは、社会がそれほど複雑になり拡大しているからである。社会の中の大きな主体を補足する経営学が、それに伴い拡大することは必然なのかもしれない。しかし、それに研究が追いついていないように思われる。その原因が単純な研究量なのか、パラダイムシフトが起きれば解決できるのかは、現時点ではわからないが、少なくとも何らかの新しい見方を検討する段階に来ているのかもしれない。

## 4 ── おわりに

　経営学において科学とは、多くの場合、社会科学である経営学に自然科学の手法を加味することを意味する。端的にいうと、自然科学の流儀にのっとって

経営学の研究を行うことである。その際に必要なことは、全体からの部分の切り取りである。経営事象そのものは、多様な要素の相互作用により、一つの事象を表出する全体性である。つまり、その時々の変数同士の関数によって経営事象は形成される。したがって、切り取った瞬間に変数を取捨選択していることになり、またその関数を壊してしまい、本来全体によって表出していた経営事象が見えなくなってしまう。その一方で、部分の切り取りにより、研究者が見たい経営事象は観察することができるのである。

　ファヨールとテイラーが行った経営学の一般化、科学化はまさしく近代の経営学を性格付ける第一歩といえる。原則の一般化、数値化による科学化は、これまで成り行きによって行われていた経営学に対して、一定の科学性を与えたのである。また資本主義の台頭、市場経済の活発化により、組織による対処をせざるを得なくなった。組織は人の集まりであり、多種多様、十人十色である。その組織を秩序立てるには、経営学としての一般化、科学化が必要であった。当初は、人を数値化して考察することが主流であったが、今日では、数値化、非数値化を同等として考え、どのように経営学として組み込んでいくかが課題である。

　広義の科学では、多様な性格を持つ学問を包摂している。したがって、それらを区分しようと思えば、多様な軸を展開することが可能になる。本章ではその一つとして、実学－虚学、必然性－偶然性を扱った。もちろん、端的で、二次元で表現したのみであり、より詳細に区分しようと思えば三次元、四次元の視点からの考察が必要になる。なぜ、このような軸を展開したかというと、経営学がこれまで悩んできた要素そのものであるからである。つまり、経営学は実践なのか、理論なのか、偶然性を扱うのか、必然性はそこにあるのかといった内容である。経営学は、両義的であり、これらの軸の対極をも包摂するのである。これまでは、この両義的な経営学に対し、局所的な議論が行われていた。それは、経営学を見誤っているといわざるを得ない。もちろん、議論展開によっては局所的な議論は必要であるが、根本は両義的であることを忘れてはならない。

　経営学は、両義的であり幅の広い学問である。本章では、組織の内観を管理、

内部を加味した外的作用として経営を位置付けた。さらに今日では、企業の社会的責任等を含めた社会的見地も必要となり、その対象範囲は拡大する一方である。しかし、対象範囲は拡大する一方だとしても、経営学は経営学としての性格をしっかりと確立することが必要である。すなわち、対象範囲が広がっても経営学として終始一貫する哲学である。それは、管理である。管理は組織に秩序を与え目標に向かって作用させるのであり、組織内部から組織外部、社会へとつながる。さらには、その終始一貫する哲学は、実学 - 虚学、必然性 - 偶然性にも作用する。一時的に局所的展開があっても、その本質は大局的な管理としての秩序を与えるという終始一貫する哲学である。

## 【注】

* 1　ただし、機械論の中にも全体性を見失わないホーリズム（Holism）的な考え方もあり区別する必要がある。
* 2　ここでは、gouvernerを経営者としている。また、gouvernementを経営とした。
* 3　https://www.patagonia.jp/our-responsibility-programs.html （最終アクセス日2022年8月30日）
* 4　消費者庁「サステナブルファッションに関する消費者意識調査」（令和 3 年 7 月調査）
* 5　Akerlof, G. A., Schiller, R. J.（2009）〈山形浩生訳（2009）〉、Glimcher, P.W.（2003）〈宮下英三訳（2008）〉など。
* 6　今日、臨床経営研究会によって臨床経営学という新しい分野が生まれつつあるが、まだ学問一分野というまでには至っていない。隣接分野には経営診断学がある。

## 【引用・参考文献】

1 ）池田清彦（1992）『分類という思想』新潮社、11-18ページ。
2 ）Kuhn, T. S.（1962）*The Structure of Scientific Revolutions*, Chicago, London: The University of Chicago press, pp. 1 -34.〈中山茂訳（1971）『科学革命の構造』みすず書房、1 -38ページ。〉
3 ）松行康夫（2003）「近代科学の形成と還元主義的機械論科学の特質」『経営論集』（60）、65-75ページ。
4 ）福岡伸一（2012）『動的平衡 2 —生命は自由になれるのか—』木楽舎、119ページ。
5 ）前掲書 4 ）119ページ。
6 ）Barnard, C. I.（1938）*The Functions of the Executive Thirtieth Anniversary Edition*, Cambridge: Harvard University Press, p. 120.〈山本安次郎、田杉競、飯野春樹訳（1968）『新訳 経営者の役割』ダイヤモンド社、126ページ。〉
7 ）前掲書 6 ）p. 16.〈16ページ。〉

8 ) Drucker, P. F.（1974）*Management: Tasks, Responsibilities, Practices*, NY: Harper & Row, p. 23.〈上田惇生訳（2008）『マネジメント［上］―課題、責任、実践―』ダイヤモンド社、22ページ。〉

9 ) Stark, P. B.（2018）Before Reproducibility Must Come Preproducibility, *Nature* 577, p. 613.

10) 前掲書 9 ) p. 613.

11) Made, N. G., Schäfer, M. S., Ziegler, R. and Weißkopf, M.（2021）The "replication crisis" in the Public Eye: Germans' Awareness and Perceptions of the（ir）Reproducibility of Scientific Research, *Public Understanding of Science*, 30 （ 1 ）, pp. 91-102.

12) Noah, T., Schul, Y. and Mayo, R.（2018）When Both the Original Study and its Failed Replication are Correct: Feeling Observed Eliminates the Facial-feedback Effect. *Journal of Personality and Social Psychology*, 114 （ 5 ）, pp. 657-664.

13) Garcia, M. S., Gneezy, U.（2021）Nonreplicable Publications are Cited more than Replicable Ones, *Science Advances*, 7 （21）.

14) 北野利信（1981）『経営組織の設計（増補版）』森山書店、14-15ページ。

15) 前掲書14) 14-15ページ。

16) 小笠原英司（2017）「経営学とは何か―領域学か、ディシプリンか―」『明治大学経営学研究所経営論集』64（4）、234ページ。

17) 三戸公（2009）「日本の経営学、その過去と現在そして―新しい方向の模索―」『中京経営研究』19（1）、79-98ページ。

18) 前掲書17) 80-81ページ。

19) ゲーテ，J. W. V.、木村直司訳（2011）『色彩論』筑摩書房、104ページ。

20) Fayol, J. H.（1916）*Administration industrielle et générale*, Paris: Bulletin de la Société de l'Industrie Minérale, pp. 1 - 5 .〈佐々木恒男訳（1972）『産業ならびに一般の管理』未来社、17-22ページ。〉

21) 前掲書20) p. 5 .〈22ページ。〉

22) 前掲書20) p. 21.〈41ページ。〉

23) Allen, L. A.（1958）*Management and Organization*, NY: McGraw-Hill, p. 14.

24) Akerlof, G. A., Schiller, R. J.（2009）*Animal Spirits: How Human Psychology Drives the Economy, and Why It Matters for Global Capitalism*, Princeton: Princeton University Press.〈山形浩生訳（2009）『アニマルスピリット』東洋経済新報社。〉

25) Glimcher, P. W.（2003）*Decisions, Uncertainty, and the Brain: The Science of Neuroeconomics*, Cambridge: Bradford Books.〈宮下英三訳（2008）『神経経済学入門―不確実な状況で脳はどう意思決定するのか―』生産性出版。〉

26) Taylor, F. W.（2006）*The Principle of Scientific Management*, NY: Cosimo, Inc, p. 74.〈有賀裕子訳（2015）『新訳 科学的管理法―マネジメントの原点―』ダイヤモンド社、162-163ページ。〉

27) 前掲書 6 ) p. 120.〈120ページ。〉

28) Magretta, J.（2002）*What Management Is: How it Works and Why It's Everyone's Business*, London: Profile Books, pp. 194-195.〈山内あゆ子訳（2003）『なぜマネジメントなのか―全組織人に今必要な「マネジメント力」―』ソフトバンククリエイティブ、299ページ。〉

29) Mintzberg, H.（2013）*Simply Managing*, San Francisco: Berrett-Koehler publishers, p. 8.〈池村千秋訳（2014）『エッセンシャル版 ミンツバーグ マネージャー論』日経BP社、13ページ。〉

30) Hernes, T.（2008）*Understanding organization as process*: theory for a tangled world, US, Canada: Routledge, pp. 1 -17.

31) 平田光弘（2009）「若かりし日々の回想」『星城大学研究紀要』（7）、86ページ。

32) Koontz, H.（1961）The Management Theory Jungle, *Journal of the Academy of Management*, 4（3）, pp. 174-188.

33) Wren, D. A.（1976）*The Evolution of Management Thought*, Hoboken: John Wiley & Sons, pp. 393-405.〈車戸實監訳（1982）『現代経営管理思想―その進化の系譜―（下）』マグロウヒル好学社、611-637ページ。〉

34) 前掲書 2 ）pp. 198-204.〈227-235ページ。〉

35) Johnson, R. A., Kast, F. E. and Rosenzweig, J. E.（1963）*The Theory and Management of Systems*, NY: McGraw-Hill.

36) McFarland, D. E.（1986）*The Managerial Imperative: The Age of Macromanagement*, Cambridge: Ballinger, p. 25.

# ～ 第 **3** 章 ～
# 組織境界に関する一考察

## **1**── はじめに

　今日、社会の主な主体は、組織（organization）といっても過言ではない。組織がモノ・サービスを生産し、その消費を他の組織が行っている場合も多い。この場合、組織を広義で見れば、国や家族なども組織の一部といえる。このような組織を一般化したのは、「近代組織論の父」といわれるバーナード（Barnard, C. I.）である。彼は、組織を「二人以上の人々の意識的に調整された活動や諸力の体系」と抽象的に捉え、その一般化を試みた[1]。しかし、抽象的な組織定義であるがゆえに、数多くの問題を引き起こすことになる。その中の一つに、組織境界の曖昧さを挙げることができる。

　上記の組織は抽象的概念であり、その対となる具体的概念は協働体系（cooperation system）である。バーナードは協働体系を「少なくとも一つの明確な目的のために二人以上の人々が協働することによって、特殊の体系的関係にある物的、生物的、個人的、社会的構成要素の複合体」とし、その具体性は格段に上がっている[2]。ここで問題となるのは、経営事象としての組織を、この組織と協働体系のうちで、どのように補足するかという問題である。機能として見るか、実態として見るかの相違であり、これは、より組織境界の設定を困難にすることになる。

　これまで多くの研究者は、組織境界の設定という難題に取り組んできた。その論述をグルーピングしてみると、組織境界を一段階により設定する一段階理解、二段階により設定する二段階理解、複合的に理解する複合的理解がある。それぞれ、各論拠に従いその境界を設定し、その中においては一定の説得力が

あると思われる。しかし、部分的な展開であり、組織境界そのものを定型化したとはいい難い。つまり、それほど組織境界を設定することは困難なのである。それと同時に、組織そのものの複雑性も明るみになったのである。そこで、この複雑性に対し、新しい見地、すなわち生態学からのアプローチを試みたい。

　生態学は、生物と環境、生物同士の相互作用を理解する学問である。生物と環境、生物同士の相互作用のメカニズムを解明するためには、まずは主体である生物自体、すなわちどこが生物の内部で、外部であるかを明確にする必要がある。その境が明確にならなければ、そもそも生物と環境とを区別する必要はなく、生物同士の相互作用も不可能である。つまり、生態学のこれらの見地を応用することにより、経営学における組織境界設定の一つのヒントになる可能性が高い。

　他にも、本章ではオートポイエーシス（autopoiesis）からの考察を試みる。経営学において、組織の存在そのものは所与の前提となっている。つまり、組織の発生、成り立ちは基本的には扱われない。筆者は、組織の発生にまで範囲を広げ、そのメカニズムを解明することにより、境界そのものの発生について考察を行う。もちろん、生物現象をそのまま経営学に応用することは、慎重に行う必要がある。しかし、視野を広げ、組織境界の解明につなげたいと考えている。

　そこで本章では、組織と協働体系の二重構造について考察し、これまでの組織境界に関する議論を比較検討する。また、生態学とオートポイエーシスから、組織の維持と境界設定について考察し、組織境界に関する生態学的な解答の一つを提示したい。

# 2 —— 組織と協働体系

## （1）組織と協働体系の二重構造

　バーナードは、自身の著書『経営者の役割』により、近代組織論の礎を築き、

「近代組織論の父」という地位を確立した。1978年にノーベル経済学賞を受賞したサイモン（Simon, H. A.）は、バーナードの影響を多分に受けている。サイモンはバーナードの概念規定を参考に、経済学の所与の前提であった「完全合理性」「最適解」に代わる「限定合理性（bounded rationality）」「満足解」の概念を導き出した[3]。先にも述べたように、バーナードの大きな功績は組織を「二人以上の人々の意識的に調整された活動や諸力の体系」と定義したことである。ガルブレイス（Galbraith, J. K.）は、バーナードの組織論に対し、最も有名な組織定義であると評価した[4]。しかし、多様な影響を与えたバーナード組織論は必ずしもすべて肯定されたわけではない[5] *1。おおよそ、その理由は理論の抽象性と複雑性にあり、特に組織の境界に関する議論は当初から問題になっていた。

　問題の根底にある「組織（organization）」と「協働体系（cooperation system）」の定義を再度確認する[6]。前者は「二人以上の人々の意識的に調整された活動や諸力の体系」、後者は「少なくとも一つの明確な目的のために二人以上の人々が協働することによって、特殊の体系的関係にある物的、生物的、個人的、社会的構成要素の複合体」である。さらに、両者の関係は、「協働体系の中の一つの体系であり、『二人以上の人々の協働』という言葉のうちに含まれている体系を『組織』」としている。

　バーナードの定義によると、組織には人が含まれず、諸力の体系（システム）であるという。一方、協働体系はより具体的な経営資源の構成物であるとする。組織は協働体系の概念範囲の一つであり、その中の体系（システム）として抽象的に抽出されたものであるという概念の大小関係がある。これらの両者の定義のみを鑑みて考察すると、組織は人を含まない抽象概念、協働体系は人を含む具体構造と表現することができる。と考えるならば、世間一般的に理解されている組織というものは、バーナードがいう協働体系に近いと思われる。さらに、組織と協働体系は、本質的には表裏一体であるにもかかわらず、なぜ両者を区分する必要があったのかという根本的な疑問が生じる。バーナードは「人間の特性こそこの書物の基本的な公準なのである。人間行動の心理的な力について何らかの立場に立つのでなければ、協働体系の理論や組織の理論の構成も、

組織の行動、管理者やその他組織参加者の行動の意義ある説明もこれをなしえない」と述べている[7]。これほど人間の特性、人間そのものに焦点を当てているにもかかわらず、なぜ人間を含まない組織概念を設定したのであろうか。

　飯野春樹によると、バーナードは『経営者の役割』を執筆する際の構想段階において、人間の協働努力の考察から「組織」の概念を導き出し、そこへ「協働体系」を後から付け加えたと推察する[8]。構想段階において書簡でやり取りをしていたヘンダーソン（Henderson, L. J.）は、バーナードの組織定義に人間を含めるよう提案した。しかしバーナードは、ヘンダーソンの提案に対し断固として反対し、「組織」の定義に人間を含まなかったのである。その代わりに「協働体系」の定義に人間を含み、"人間を含まない組織""人間を含む協働体系"が完成したのである。その際、飯野によると、短期間のうちに協働体系の概念が導入され修正されたという。したがって、協働概念があり組織概念が成立したのではなく、その逆であったと指摘する。

　しかし、加藤勝康は、『経営者の役割』の形成段階までさかのぼり、飯野とは異なる見解を示した[9]。飯野の論理構成は、バーナードのローウェル講義における資料の後に『経営者の役割』を執筆したとし、つまりは組織概念から協働体系が成立したとする。一方加藤は、ローウェル講義の資料作成と『経営者の役割』の執筆とが同時並行的に構築されたとし、双方にフィードバックがあることは自然であるとした。また、協働体系自体の概念は、組織概念の成立当初から明示されていたという。したがって、組織概念が先行して協働体系の概念が成立したのではなく、おおよそ同時並行的に両者は成立したと考えることが自然であると指摘した。すなわち、バーナードは意図的に組織と協働体系を明確に区分したうえで概念定義したと、加藤は考えているのである。

　以上のような両者の線引きは、多くの人を惑わす大きな要因になった。バーナード自身も「われわれは二つの体系を扱っていることに留意しなければならない。すなわち（1）その構成要素が、人間、物的体系、社会的体系および組織からなる包括的協働体と、（2）協働体系の部分であり、調整された人間活動のみからなる組織」と述べている[10]。奇しくもバーナードが留意する必要があるといった組織と協働体系との間に起きた混乱は、多くの議論を巻き起こす

こととなった。

　また、組織と協働体系の二重構造による組織の相対的、さらなる抽象化は、組織定義議論の導火線になった。人間を切り離した組織定義は、機能に焦点を当てることになり、顧客をも組織の内部として捉えることが可能になってしまったのである。この顧客包摂論に対して大きな意義を唱えたのが、当時ハーバード経営大学院の教授であったコープランド（Copeland, M. T.）である。

## （2）従業員と顧客との相違

　コープランドは、顧客を含む組織定義は広すぎるとし、バーナード自身が「社会学的概念枠組み」の提示をしようとしているか、「現実的直覚力」に従おうとしているかで混乱していると指摘した[11]。バーナードは、コープランドに対し、1）従業員、顧客とも協働関係に誘因すること、2）この関係に誘因したのち、活動を引き出すことの観点から同一のものとして、詳細かつ執拗なまでに反論をした[12]。コープランドの視点は、管理者のみの視点であるといってよい。その証拠にコープランドの分析枠組みは、事業政策を念頭に「状況判断（sizing up the situation）」「行動の全般計画（general plan of action）」「職務の組織化（organization of the job）」「指示（instruction）」「処理の順序とタイミング（sequence and timing of moves）」「追跡（follow-through）」「後継者の交替（succession in management）」といった管理機能を中心としたものであった。

　その一方、バーナードの組織論の基調は、共通目的を持った意図的に諸力を調整する人々の貢献の体系であった。すなわち、バーナードが考える組織は管理単位でありつつも、その中心は活動単位であった。おおよそ、バーナードの言葉を借りるならば、両者は議論の位置レベルが異なると思われる。「議論のレベル（level of discourse）」と「科学的議論のレベル（level of scientific discourse）」と表現されるように、端的に換言すると抽象的レベルと具現的レベルとの相違であり、噛み合わないのである[13]*2。

　バーナードにとって組織定義の説明が、具現的な経営事象の包括的説明であ

るならば、必然的に抽象化せざるを得ない。特に、経営事象をより包括的に補足しようとすればするほど、その抽象度は増すばかりである。もちろん、その抽象化された定義は、具体的行動を説明するには不十分である。しかし、営利企業にとどまらず、多様な組織形態を経験し、その経験的観測から組織を定義するためには高度な抽象化は避けて通れない。上記のような区別は、バーナード理論を理解するうえで必須といえる。

　その後、組織定義に関するコープランドの反論は的外れであったとアンドリューズ（Andrews, K. R.）に評価され、おおよそバーナード組織論は認められたと思われた[14]。しかし、川端久夫は、バーナードは従業員と顧客との誘因－貢献関係に対し、要素を取り違えたと指摘する。バーナードは、従業員と顧客ともに協働体系に貢献してもらうためには、1）対象を組織との協働関係に誘因し、2）その後に、活動を引き出すといった誘因関係は本質的に同一であるとした[15]。しかし川端は、1）誘因活動からの2）活動抽出に関して、雇主－従業員間では出発点であるのに対し、売り手－買い手間では財貨交換の終点であるという[16]。川端は、時間的連続性を持つ活動に対する組織を認めるバーナードに対して、従業員と顧客との要素の取り違えたことに対し失望するのである。

　川端によると、売買契約という交換関係においては、財貨を交換した時点で売り手－買い手の関係は終わる。ただ、それは表面的、形式的な関係であり、それが関係の終点と言い切ることは、多少の無理があると思われる。つまり、財貨交換という部分の具体的切り取りを行い、その内部において関係性を収束させてしまっている。確かに、売り手と買い手とを要素で見ると、市場においては売り買いの関係がその都度発生し、消滅する。しかし、バーナード流に水流が渦を巻いてうごめいていることを安定的に捉えるならば、本質的な始点と終点は存在しない。それは、観察者がそのように見えるまたは思いたいだけである。そう考えると、誘因活動からの貢献抽出への流れにおいて、雇主－従業員間と売り手－買い手間との関係性は本質的には同様で、バーナードが指摘する通りである。ここでもバーナードがいうように議論の位置レベルが異なっている。バーナードが両関係性に対して本質的な概念の提示をしている一方で、川端は具体的な事例の提示をしているのである。

# 3 ── 組織境界に関する議論

## （1）一段階設定による理解

　バーナードが引き起こした従業員と顧客との相違または概念的同一性は、結局のところ、組織境界を決定する一要因として議論されている。日本でも多くの議論が起き、今なお、その終結は見えない。以下、組織境界に関する議論を展開している論者を３つのグループに大別し検討していく。組織境界に対して、１つの軸で区分を模索する一段階理解、２つの軸で区分を模索する二段階理解、その軸以外に区分する要因を加味した複合的理解の３つである。一段階理解では三戸公、西岡健夫、盛山和夫の論を挙げる。

## ❶ 三戸による一段階理解

　三戸は常識的に考えれば、企業にとって従業員は内部的存在であり、顧客は外部的存在としながらも、まずはバーナードに従っている。三戸は、組織は要素と要素との相互作用の全体とし、そこに時間性の明確さを認識しつつも空間性は明確ではないところから論を始めた[17]。組織を要素間の相互作用と認めると、ある要素を内部、その他の要素を外部とすることは困難である。「組織は、その本質において、境界をもたない」と三戸が指摘する通りである[18]。彼はそこにとどまらず、疑似要因として安定的、持続的、短期的、通過的視点から境界の要素を探すも見つからず、真正要因である「所有」に答えを求めた。所有は物的と非物的とがあり、所有できる土地や建物などは内部環境とされ、所有していないものは外部環境とされる。非物的である価値観や信条などは、これらに立脚した目的共有と行為をするメンバーが内部であり、それ以外は外部とした。他にも組織における規則の共有や権限を受容するメンバーを内部、それ以外を外部とした。

## ❷　西岡による一段階理解

　西岡は、組織に活動を提供する主体を「参加者」とし、「組織に一定の活動を提供する個体を参加者と見ればよいのだから、参加者は様々である」とする[19]。なるほど、おおよそバーナードの諸力の体系と同様である。参加者として考えるならば、企業や大学など、多様に考えることが可能である。西岡は「どこまでが組織なのか、どこが組織の境界なのか判別するのが難しい」といい、「活動が密度濃く集積しているところを組織と考えればよい」と結論付けた[20]。しかし、最終的には「組織への参加者は、参入も退出も原則として自由にできるから、組織の境界線は絶えず動いている」と曖昧なままに組織境界を定義した。

## ❸　盛山による一段階理解

　盛山は、これまで組織は、組織そのものという根本的な問いに晒されたことが少ないと指摘し、それは、一般的な組織という概念が共通的にあったからだと指摘した[21]。そのうえで、組織を明らかにするためには「組織の成員とは誰のことか」「組織の目標とは何か」の2つの問いを考察することが必要であるという。盛山によると前者に関しては、これまでマーチ（March, J. G.）とサイモンが述べた「資本家、経営者、従業員の他、場合によっては消費者、取引先企業までも成員として含む」場合、エチオーニ（Etzioni, A.）が述べた「従業員までが成員」とする場合、日本的企業観の「経営者と従業員だけが成員であって、経営に日常的に参画していない株主は成員とみなされない」場合、ミクロ経済学の「資本家だけが企業の本来の成員とする」場合、市場モデルの成員はそもそも存在しない場合があるという。つまり、成員により組織境界を規定することは困難とした。さらに、組織目的の共有に関しても同様な理由で、それにより境界を規定することは困難とした。盛山は最終的に、「組織は成員によって同定されるのではなく、むしろそれを構成する諸ルールによって同定される」と述べている[22]。

## ❹　一段階理解論者の比較検討

　以上の三者は、一段階理解で組織境界を設定している。まず、三戸論では、

所有を境界設定の要因とした。しかし、顧客は購入により何を所有したことになるのか。もっといえば、A会社がつくったA′を売るB会社でA′を買った場合、顧客はA会社とB会社のどちらの組織のメンバーになるのか、売買益にしか関心のない株主が、会社の理念、価値観に賛同して所有したといえるのかがはっきりしない。次に、西岡論では、活動密度により境界設定が可能であるとした。しかし、そもそも活動密度をどのように測定し、何を基準に濃淡をつけるのかが疑問である。仮に相対的活動密度であるならば、組織境界は縦横無尽になり、結局議論する必要もなくなると思われる。また、盛山論では諸ルールによって組織境界が設定できるとした。ルールの属性をいうと、それは静的なものであり、事前的、事後的という性格がある。機能としての組織は動的であるから、静的、事前的、事後的なルールによって組織を規定することは、観察としては可能であっても実態としては困難である。すなわち、ルールが組織境界を設定する要因と考えるのは不自然である。おそらく一段階理解の中では、三戸論が決定要因の一つになり得る。しかし、三戸自身が指摘するように、「所有」概念だけでは不十分である。

## （2）二段階設定による理解

　二段階理解では、小泉良夫、眞野脩、中條秀治の論を挙げる。

### ❶ 小泉による二段階理解

　小泉は、「貢献者（contributors）」は多様な形態があるとし、組織内の調整程度や関係の性質などに相違があり、円を想定し展開した。円の中心には管理者、中心から最も遠い円周上に顧客、その間に従業員が位置する[23]。加えて「階層組織（scalar organization）」と「側生組織（lateral organization）」の概念から、前者は内部組織として目的志向により権威的な調整がされ、後者は外部組織として参加者の個人的動機が契約、自由な合意（free agreement）により調整されるとした。ポイントは継続的かつ安定的な調整関係の有無である。

**❷ 眞野による二段階理解**

　眞野は、バーナードの「われわれが組織について考えているとき、とかく側生組織の集合によって確保されている一般組織を無意識に見落とし、階層組織のことばかり考えがちな点は注意すべきことである」を引用し、「公式組織」を「階層組織」と「側生組織」との視点から分析した[24]。前者は、体系的分業等により組織効用を生み出し確保することに適しており、組織といった場合、多くはこれを指す。後者は、前者にとって必要な存在であり、前者を構成している経営者、管理者、従業員に対し、後者は株主をはじめ、消費者や原材料供給会社などの比較的自由な関係である。「階層組織」を二重円の内円、「側生組織」を外円に置くことにより、組織境界を二重構造として把握した。組織外部も協働体系に参加できるが、組織内部は「組織効用の余剰の確保という組織自体の目的の追求という組織内部における組織の目的との関係において行われる意思決定に従事することを受諾する」ところに違いを見いだした[25]。

**❸ 中條による二段階理解**

　中條は、バーナードに対し激しい批判を浴びせ、組織の境界を整理した。第一に中條は、機能面に焦点を当てた組織定義に対し大いに反対している[26]。単なる協力関係と組織的な協力関係とは社会的意味が異なるとし、社会的意味が異なる行為を同一視して扱うことに警笛を鳴らした。団体には、維持運営の観点、行為の方向性を規定する枠組みが行為に先立って必要であり、そこに秩序が生まれるため、バーナードの社会的な意味の見落としが、バーナードの欠点であったと指摘した。第二に、機能システムとして組織を理解することの困難性を指摘した。機能概念とシステム概念の組み合わせは、必然的に組織の範囲を曖昧にし、無限の連鎖に組み込まれてしまうため、過度の抽象化という行為自体が間違いであると指摘し、バーナードの呪縛から解放される必要性を説いた。また、団体と組織とを区別し、団体の維持運営の機能的要件が組織であるとした。つまり、団体に属し、その閉鎖性が団体の境界を設定し、団体における機能的側面が組織であり、そこに従事するものが組織メンバーとなる。

#### ❹ 二段階理解論者の比較検討

　以上の三者は、二段階理解で組織境界を設定している。まず小泉論では、円を想定し中心部に近いほど組織内部であり、その境界は継続的かつ安定的な調整であった。確かに管理者と従業員との関係は、相対的に継続的な調整関係である。基本的に一般的な組織内部を想定しており、その通りだと思われる。ただし、売り手が買い手に対して働きかける行為そのものは継続的でなければならず、市場の動向を見ながら調整を行う必要はある。そして、その行為を安定的に行わなければ、売り手である企業は存続することが困難であると思われる。すなわち、継続的、安定的という言葉は相対的な問題であって、顧客だからといって自動的に外縁に位置するわけではない。したがって、売り手－買い手という役割、かつ観察的視点からその相違を考察すれば、小泉論のようになるし、バーナード流に機能面で見るとその差は相対的な問題で、企業と顧客との差ではないと思われる。

　次に眞野論では、「階層組織」と「側生組織」との相違から、1）組織効用の余剰の確保、2）組織自体の目的の追求、3）意思決定に従事することに境界があるという。まさしく、組織を構造的に分析すれば、眞野がいうような実態的区分は可能であると思われる。こうした古典的管理論からの管理範囲の区分は一つの方法といえる。ただし、この展開もバーナードが巧みに分けた抽象的概念と具体的実態との相違であって、具体的実態によって正当化される。抽象的概念で考えた場合、どのような区分がなされるのかは疑問が残る。しかし、一つの考え方としては大いに参考になる。

　また中條論では、「団体」に所属し、その経営機能を有している機能的用件が「組織」であるとする。前者は閉鎖的で資格用件が必要といい、この閉鎖的用件が団体の境界になる。後者は、団体の維持活動のための強制力や拘束性などが伴う社会的関係と位置付ける。すなわち、強制力、拘束性の範囲が組織境界となる。この場合、顧客は企業の強制力、拘束性を受けることはなく、組織外になる。確かに、資格要件を課すことにより、その組織内におけるルール、すなわちある一定の強制力を受容することにはなる。そこに境界を見る一定の理由も理解できる。

　さらに中條は、家の新築の例を挙げる。施主は工務店に建築を依頼し、工務店がそれを遂行する。工務店で働く従業員以外にも他の業者が出入りをする。一つの家を建てるためという協力関係ではあるが、他の業者は工務店のメンバーではないとする。所属するという概念に即していれば、まさしく中條が指摘する区分である。しかし、工務店のメンバーと他の業者とが協働しているその関係は、協力関係という一言で片付けてよいのであろうか。仮に、そこで所属を超えた意図的な調整関係が確認された場合、どのような概念で補足するのか。団体所属概念に囚われすぎ、または第一優先としすぎではないかと考えることもできる。

　他にも、団体に属することなしに組織運営維持活動に関与することは不可能なのであろうか。運営維持の明確な枠組みの提示がなければ、曖昧なままである。さらに、強制力と拘束性に重きが置かれている。今日話題となっている自律型組織や側生組織はどのように判断すればよいであろうか。必ずしも強制力の関係ではないし、組織の内的秩序も必ずしもその閉鎖性によるものではなく、開放性によって秩序立てられることもある。


## （3）複合的設定による理解

　ここまで、組織境界を一軸で分ける場合と二軸で分ける場合を検討してきた。それぞれ、組織境界を定める要素は異なっても一段階、二段階のそれぞれ区分する方法論は類似している。さらに、それらの区分要素や論述などが間違っているかといわれれば必ずしもそうではなく、部分的な議論になってしまうのである。それほど、組織という複合物は複雑であり、全体を補足することが困難であることを示している。そもそも複合物を、1つまたは2つの物差しで条件付けて区分すること自体が困難である。しかし、それでも組織境界の明確化は、組織論をはじめとした経営学全体の深化につながる。以下では、一段階、二段階の理解とは異なった論述を検討していく。稲村毅、西村友幸の論である。

## ❶ 稲村による複合的設定による理解

　稲村は、二重構造そのものを批判し、組織はバーナードがいう「協働体系」そのものであるという[27]。そもそも組織は、一定の目的を協働により達成するために存在し、物的要因、社会的要因、人的要因からなるシステムと規定することが妥当であると指摘した。三要因はそれぞれ具体的形態として考察した場合、必然的に学際的なアプローチを要求されながらも、人的要因、つまり人間は協働体系の中でも特別な地位にあると主張する。組織境界は、組織メンバーに算入されるべき人々の範囲により決定され、特に、管理者、管理権限の支配下で職務を遂行する人々に限定されるという。「どんなに複雑化した社会的関係の中であれ個々の組織が個々の組織として存在する限り、境界の上記基準が妥当しなくなったり、組織の境界がなくなったりすることはあり得ない」というように、管理者とその支配関係にある人々が境界となるとした[28]。

　さらに、バーナードは、組織メンバーを「貢献者」に置き換えて考えたために範囲を無限拡大してしまったと指摘した。管理－被管理関係に基づけば、組織境界は自ずと明確になるという展開である。例えば、派遣労働者に関しても、派遣会社の管理者の指示で派遣先会社に赴いて働くことが派遣労働者固有の職務であり、この場合でも、管理－被管理関係の原則を忘れないならば、その境界は明確であるとする。

　稲村論は、バーナードが定義した抽象的な組織と具体的な協働体系との二重構造を根本から否定し、後者が組織であるという。これは、定義の問題であって、バーナード論そのものの否定にはならないと思われる。当時、バーナードの組織論で新しいとされた展開は、これまでの組織論の抜本的な再構築であった。その一つに、抽象的な組織と具体的な協働体系の二重構造があった。さらに、バーナード自身は、両者をしっかりと区分しており、混同をしていない。確かに一般的に思い描かれている組織は、稲村がいうようにバーナードの協働体系である。問題は、組織と協働体系の両者が存在することを大前提とし、それぞれどのような目的、応用、両者の関係性があるかを抽象的にも具体的にも明確にすることである。

　また、派遣労働者を例に挙げた記述があるが、管理－被管理関係の原則から

いえば、第一義的に派遣労働者は派遣元企業に雇用され、管理の対象となっている。しかし、派遣先企業で、その他の従業員と働く場合、派遣先の管理者から何らかの管理を受ける必要がある。むしろ、まったく指示されないことなどあり得ない。第二義的に派遣先企業との管理－被管理関係が発生するのである。その場合の2つある管理－被管理関係は、どのように扱えばよいのか。第一義的な関係性の派遣元が優先されるのか、実態的に多くの管理－被管理関係にある派遣先が優先されるのかが明確ではない。管理－被管理関係に濃淡で優先順位を付けてしまうと、業界により多様な組織境界の変動を認めることになってしまう。

　ならば、二重の管理－被管理関係がそこに存在するのであろうか。派遣労働者は派遣元との管理－被管理関係であり、派遣元の組織境界の末端である。その労働者の派遣先で管理－被管理関係が発生した場合、一時的に二重の管理－被管理関係を確認することができる。稲村論のように、派遣社員と派遣元との管理－被管理関係を忘れないならば、すなわち静態的な構造論として考えるならば、容易に組織境界を確認することが可能である。問題は、実態は動態的であり、稲村論に従うならば二重になり得る管理－被管理関係をどのように理解するかである。組織境界が他の組織境界と重なることはあるのだろうか。もし、それを許すとすると、組織内部とは一体何を指すのか、重なり合った箇所は、一体何なのかがわからなくなってしまう。ただ、組織境界を多層的に考えるならば、組織境界が重なり合うことを認めることが可能かもしれない。

## ❷ 西村による複合的設定による理解

　西村は、組織境界に関して「山」モデルを発案した[29]。西村は、抽象表現としての「組織」とそれを具体表現とした「山」とを区分し、バーナードの二重構造を認め考察する。その構造の中に、顧客の遠近双方の行為を発見した。これは、顧客がアウター境界には含まれるが、インナー境界には含まれないという境界の二重構造である。特に留意する点は、抽象的な組織としての諸力の体系を具体物として認識せず、力（西村論では「風」）として認識をし、そのまま展開していることである。

西村論に従うと組織のインナー境界を決定する要因は、組織的意思決定の委譲可能範囲である。組織的意思決定は、組織の目的に沿った組織のための決定行為である。その観点からいうと、組織外部の人間に組織的意思決定を委譲することは考えられないため、インナー境界は容易に想定できる。問題はアウター境界である。西村は、インナー境界のように常時的に設定できる境界ではなく、アウター境界に柔軟性を持たせた。アウター境界は、ある同一の活動を起点とし、一方の当事者とその対角線上の他方の当事者との影響力が等しくなるところに設定されるという。

　したがって、インナー境界とアウター境界を設定すると3つの領域が形成される。組織的意思決定を委譲できる領域、純粋な外部環境、両者の間である。西村は、両者の"はざま"を「中間圏（mesosphere）」とした。さらに、その構成に対し意思決定を持ち込んだ。組織的意思決定と個人的意思決定である。繰り返しになるが、前者はインナー境界内で行われ、後者はアウター境界外で行われるが、その場合、「中間圏」が抜け落ちてしまう。そこで西村は岡本康雄の論を引用し、「個人的意思決定行動」「組織的行動」に加えて「機会主義的行動」を設定した[30]。機会主義的行動は、度々組織的意思決定行動との混合物として表出する。さらに、機会主義的行動は「特定の組織行動の成果、さらに時にその実現過程に異なる利害的要求を持つ複数の個人ないし集団が、自らの利害要求を充足しようと交渉する『場』」の意味を持つ[31]。再度整理すると、意思決定は3つの区分を形成する。組織的意思決定のインナー境界内、個人的意思決定のアウター境界外、機会主義的意思決定の「中間圏」である（図3-1）。このように考えると、顧客はアウター境界には含まれるが、インナー境界には含まれないのである。

　西村は、インナー境界を組織的意思決定の委譲可能性であるとした。ただし、バーナードはその可能性を「つねにではなくとも、しばしば委譲されうる」と述べている[32]。これをどのように考えるかが重要であると思われる。つまり、組織的意思決定の委譲可能性をインナー境界の唯一の設定要因としてよいのかということである。組織的意思決定が委譲されないならば、境界が消滅してしまう。また、西村は「貢献者」よりも範囲が狭い「構成員」を念頭に行われる

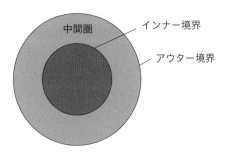

図3-1　組織境界の区分

出所：西村友幸（2017）「組織の『山』モデル」『商学討究』68（2・
3）59-80ページをもとに筆者作成

組織的意思決定を範囲としている。すなわち、「構成員」がそのままインナー
境界になるわけではない。では、組織的意思決定をする主体とそれを移譲する
客体は一体何なのか、その移譲可能性は意思決定という行為にあるのか、主体
と客体の関係性、または資格要件にあるのかが明確ではない。仮に関係性や資
格要件であった場合は、厳格な「構成員」や諸ルールが組織境界になり得る。
そう考えると、移譲可能性は両者の関係性という曖昧なものになってしまい、
組織境界を明確にしようとしても結果的に漠然としてしまうと思われる。

　さらに、西村の「山」モデルは、本人が指摘するように非公式組織が抜け落
ちてしまっており、今後、非公式組織をどのように補足するかが必要であろう。
バーナードに従うならば、公式組織と非公式組織は表裏一体で切り離すことが
できない[33]。しかし、一体としながらも別々に考察することは可能かもしれな
い。つまり、西村の「山」モデルは公式組織上を基盤とした組織的意思決定と
個人的意思決定を焦点としている。確かに顧客になる以前の個人的意思決定が
公式組織を基盤としているとなると違和感があるかもしれないが、西村でいう
「風」は公式組織の方向に吹いているのである。しかし、それでも非公式組織
を説明したことにはならず、非公式組織のモデルも今後考察する必要がある。

　現在では、formal organizationは公式組織、informal organizationは非公式
組織と訳すことが一般的だが、成文組織、自生組織と訳される場合もあり、成
文組織は有形の組織（tangible organization）であり、自生組織は無形の組織

（tangible organization）である[34]。非公式組織を公式組織との関係性の中で考察していくとともに、非公式組織そのものに焦点を当てた研究も必要になる思われる。


# 4 —— 生態学アプローチ


## （1）生態学アプローチの必要性

### ❶ 経営学における生態学アプローチ

　経営学における組織は、どの視点から分析するかにより、その姿をいかようにも変化させる多様な要素の複合体である。山本安次郎は、これまでの組織研究は、管理手段としての管理学的組織論、組織一般としての組織学的組織論、組織形成において行為的に把握する経営学的組織論の３つに区分できるとした[35]。おおよそ、今日もその大枠は変わらないと思われる。他にも、組織を静態的に考える場合、動態的に考える場合があり、目的や前提条件、分析手法など多様に展開されている。

　これまでの組織に対する分析の主流は、組織を静態的に捉えることであった。静態的に捉える場合、解剖学との相性がよい。経営組織の解剖学は、時間を止め、その時点における組織の形態や構造などを理解することができる。しかし、第２章で述べた通り、静態的に組織を見ることは実態をつかむことと同義ではない。例えば、生物標本を分析するとしよう。対象の構造のみを観察するのであるならば問題はない。しかし、生物として、時間の流れの中で組織行動のメカニズムを観察したいのであるならば、解剖では不可能である。組織の行動メカニズムを観察するためには、組織を動いている状態、すなわち動態的に観察する必要があり、今日ではこれが前提となっている。名称でいうと、静態的な解剖学に対し、動態的な生物学を大枠とした生理学、生態学ということができる。本節では、これらを生態学に統一して展開していく。

　組織論において、生態学アプローチは多様な展開がなされている。形態およ

び機能が、同一の細胞集合体におけるその性質であったり、細胞同士の連携、維持活動、環境との関係における「淘汰（selection）」を人間社会の組織活動と対比させ展開している[36）37）38）39）40）41）＊3]。これまでの機械論的アプローチでは、有機的な現象、人間の自由意志などを捉えることが困難であった。そこで、生命体を対象にした生態学、すなわち生物と環境、生物同士の相互作用に焦点が当たった。つまり、これまでの道具のような無機質的な組織ではなく、生き物のような有機質としての組織研究が展開されていったのである。

## ❷ オートポイエーシスとは何か

　河本英夫は、これまでの生態学を基調としたシステム論を3つに分けている。第一世代は有機体をモデルにした開放的動的平衡システム（自己維持系システム）、第二世代は発生胚をモデルとした開放的非動的平衡システム（自己組織化システム）、第三世代は神経システムをモデルとしたオートポイエーシス（自己産出システム）、であった[42）]。第三世代は、これまで第一世代と第二世代では説明困難であった事象の説明を可能にした。本書では紙幅の都合もあるため、オートポイエーシスを軸に展開する。

　オートポイエーシス（autopoiesis）は、マトゥラーナ（Maturana, H. R.）とヴァレラ（Varela, F. J.）により提唱された理論生物学上の理論である。autoは自己、poiesisは制作、生産を意味し、自己創出、自己産出と訳される。マトゥラーナらは「生命とは何か」という問題意識のもとに、生命システムを外部からの観察者ではなく内部からの内観者として展開し、自己完結した単位体として定義しようとした。そのうえで、「オートポイエティック・マシンとは、構成素が構成素を産出するという産出（変形および破壊）過程のネットワークとして、有機的に構成（単位体として規定）された機械である。（ⅰ）変換と相互作用をつうじて、自己を産出するプロセス（関係）のネットワークを、絶えず再生産し実現する、（ⅱ）ネットワーク（機械）を空間に具体的な単位として構成し、またその空間内において構成素は、ネットワークが実現する位相的領域を特定することによってみずからが存在する」と定義している[43）]。

　特徴は、1）自律性、2）個体性、3）境界の自己決定、4）入力も出力も

ない、の４つである。１）、２）、３）は、自律性が担保できればおおよそ自動的に個体性と境界の自己決定は担保できる。問題は、４）の入力、出力がないという表現、つまり閉鎖的ということである。オートポイエーシスは自己言及的であり、その作動は環境の出来事や撹乱（perturbated）の影響を受けることがない。仮に撹乱が繰り返されたとしても、オートポイエーシスは内的に作動し、同様の変化もあれば異なる変化もあり、環境の変化との連動性はない。これは、作動において閉鎖的であるのであって、エネルギーや物質の入力、出力などはされる。「有機構成の円環性によって、生命システムは相互作用の自己言及領域を持つ」というように、単位である条件を維持するために生命システムにおける作動領域を規定している[44]。つまり、オートポイエーシスは、自己維持的かつ自己言及的システムであるため、閉鎖的という特徴を持つ。

これまでのシステム論では、「システム＝開放性」であった。入力と出力との過程の中で、持続的に「ゆらぎ」を制御しながら自己維持をする。このとき、システムは自律的であり、入力と出力との関係のみに焦点が当たり、自己生成の内部はブラックボックス化していた。その後、自己生成における入力と出力とを外部から区別することにより、自己組織化は確立した。しかし、システムが作動する領域は所与されることが前提であり、システムの発生まで論じることができなかった。以上の点を説明することが可能になったのが、「システム≠開放性」と考えるオートポイエーシスであった。入力も出力もないオートポイエーシスは、自己言及的かつ自律的に動作させ、自己を位相空間内に表現することによりその展開を可能にしたのである。

オートポイエーシスを一般的に定式化し、社会科学に応用したのがルーマン（Luhmann, N.）であった。ルーマンは、オートポイエーシスを「あるシステムがそれ自身の作動をそれ自身の諸作動のネットワークによってのみ生み出すことができる」とし、要素が要素であることは、統一体のシステムにとってなのであり、システムを通さなければ要素は要素とはいえないと指摘する[45]。さらに、社会をシステムとして考えた場合、その構成要素はコミュニケーションであるとした。そのコミュニケーションの自己産出により、今日の社会が構成されている[46]。つまり、コミュニケーションは、先行されたコミュニケーショ

82

ンによって形成され、意味付けられる。すなわち、コミュニケーションを要素とし、その自己産出によって社会システムは成り立っており、自律しているとされる。

　ここで経営学とオートポイエーシスとの関係について考えてみる。柴田明は、オートポイエーシスのように企業組織が自律的に作動するならば、管理論は必要ないといい、その必要性をうたうために二重構造的連携で展開をする。それにはミクロ的な人間とマクロ的な自己組織、企業組織の他律性と自律性を相補的に考える必要があり、ここに管理論やマネジメント論の必要性があるという[47]。しかし、ミクロとしての人間とマクロな自己組織とを相補的に考えるという部分と、全体とを相互に見るという提案にとどまっている。確かに、ミクロの行動はマクロの反応に強化され、逆もしかりであり、片方が片方を条件付ける場合がある[48]。問題は、ミクロとマクロとをつなげるメカニズムが何かということである。もちろん、両者をつなげるのは経営学であるが、経営学の何が要素となるのかである。ここに経営学の本質があると思われる。

　さらに、もう一つの問題が発生する。オートポイエーシスをどの程度、応用するかである。つまり、オートポイエーシスの概念の一部を応用するのか、オートポイエーシスそのものを応用するかである。しかし、オートポイエーシス自体、まだ解明されていないことが多く、これからの深化が必要である。ただし、新しいシステム論的見地としては、大いに参考になる点がある。最後に、以下で、与えられた統一体がオートポイエティックであるか否かを見分けるための6つの段階を引用する[49]。

1）相互作用を通して、統一体（unity）に識別可能な境界があるかどうか。

2）統一体の構成要素（components）があるかどうか。

3）統一体が機械論的システムであるかどうか、つまり、構成要素の特性が、相互作用と変換を決定する関係を満たすかどうか。

4）統一体の境界を構成する構成要素が、それらの相互作用の空間における特性によって決定されるように、優先的な近隣関係（preferential neighborhood）と相互作用によってこれらの境界を構成するかどうか。

5）統一体の境界の構成要素が、以前に生成された構成要素の変換、または
　その境界を通して統一体に入る非構成要素の変換や結合のいずれかによ
　るもので、統一の構成要素の相互作用によって生成されているかどうか。
6）もし統一体のほかのすべての構成要素も、5）のようにその構成要素の
　相互作用によって生成され、ほかの構成要素の相互作用によって生成さ
　れないものがほかの構成要素の生成に必要な永久的構成要素として参加
　するなら、その構成要素が存在する空間にオートポイエティックな統一
　体が存在する。


## （2）生態学から見る境界の要素と設定

### ❶ 調節と制御

　生態学における組織化では、制御メカニズム（control mechanisms）が状況
を感知し、信号を伝達し、制御される機構の制約条件を変化させ、内外の変動
に適応し、生存能力を維持するように各部分を調節することができる。制御シ
ステムがヘテラルキー（heterarchy）に組織化されており、トップダウンや中
央集権が生まれることなく調整されている[50]。ヘテラルキーとは、フラットな
分布と本格的なヒエラルキー（hierarchy）の間に位置する複雑な関係である。
これは、要素間を全体的に定義された順序関係ではなく[51]、要素がシステム上
の要求に応じて、多くの異なる方法でランク付けされ得る因果関係のネット
ワークで構成されている[52]。

　経営組織はヒエラルキー、すなわちピラミッド型の形態を多く採用する。従
来のピラミッド型形態では、管理という最上位の制御装置として、各々のシス
テムからの入力を統合し、組織全体のオペレーションを決定して、下位の制御
機構は指示を実行するためだけに機能する。このような指令−実行を可能にす
るには、トップコントローラーが必要な操作をすべて決定する必要がある。こ
の仕組みを実現することは、人間をトップとする社会システムでも実現が困難
である。これに関しては、サイモンがいう「限定合理性」そのものである。生
物にこのような芸当ができるとは考えられず、ヘテラルキーにより、分散させ

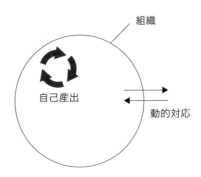

**図 3 - 2　組織維持の内的作用と外的作用**

出所：筆者作成

る方が生存方法として持続的と考えられる。

　ヘテラルキーに物事を処理する組織は、自己維持をする自己産出（内部行為）と、環境との動的対応（外部との行為）を行う必要がある（図 3 - 2）。両者を同時に100％発揮し続けるためには、200％の能力が必要になり、一個体の100％の容量では不可能である。そこで、サイモンが指摘した能力の限界性は、生物組織においても同様であるため、産出能力と対応能力の発揮を調節し制御する必要がある。

　ビック（Bich）らによると、調節（regulation）は摂動（perturbation）の影響を処理し、この変動に特異的に敏感な専用のサブシステムまたは機構の作用により、自己維持の異なる基本レジーム間で選択的に切り替える能力という[53]。つまり、調節は自己維持とは別のレジームの中、すなわち細胞を構成する生産と維持を担う中核である動的ネットワークとは別のレジームで起きており、別々に作動し連動がされている。さらに、産出能力と対応能力とは、そもそも別の機構によって行為、対応がされている。そうであるならば、なおさら両者の調節がなければ、生物組織は内部の超稼働により崩壊してしまう。

　調節は、自律システムが自己を維持し、内部衝突を回避するため、また、自律システムが自己の構築、修復、複製を成功させるために必要である。これらの目的を達成するために、必要なときに、必要な方法、必要な力配分で活動が行われるように、調節する必要がある。生物組織では、活動そのものは制御と

**図3-3　調節と制御のイメージ図**

出所：筆者作成

して行われることが多い。制御（control）とは、システムのダイナミクスを
ある状態に向けて修正する能力であると定義することができる[54]。制御は、制
御システムとして組織の目的とする範囲を基準とし、それを超えた場合、元に
戻すというフィードバック（feed back）を行う。そして、組織は自己を維持
するのである。さらに、調節は制御プロセスから十分に独立し、制御プロセス
と混同することなく変化させることができるが、制御にリンクしている[55]。こ
のような調節と制御により生物組織は自己の範囲、すなわち境界を保つことが
可能になる（図3-3）。

## ❷ 境界設定と生態学の限界性

　以上のように生態学では、調節と制御により組織を創生、修復し維持してい
る。したがって、生態学から考えると、調節と制御が可能な範囲がその組織境
界といえる。生態組織は、受精卵が分裂増殖を繰り返した細胞群が特定の構造
と機能を持ち、構造上の合目的性を持った一つの有機体である。また、さまざ
まな組織が組み合わさることにより器官（organ）が形成される。このように、
端的に細胞→組織→器官と大小関係を表すことができる。ただし、細胞を構成
する要素も器官であることから、その関係性は相対的である。したがって、調
節と制御を境界設定の要因と考えると、器官の境界の中に組織の境界があり、
組織の境界の中に細胞の境界が存在することになる。

　経営学として考えると、意思決定の場合、その中核となる要素は以下の2つ
である。1）内外の状況を測定（measurements）して選択肢を挙げ選択し、2）
生体維持に根差し、制御機構に具現化された規範によってそれを評価すること

である[56]。選択肢を挙げ意思決定をし、それを評価するのは、組織内部である。その中に幾重にも異なる組織が存在し、独自の境界を持つことは考えにくく、不自然である。特に、ヒエラルキー組織では一般的にトップダウンの意思決定であるため、その内部に幾重もの組織が存在することはあり得ない。もちろん、機能的な効果のために組織内部に組織を設置することはある。しかし、それは形式上、機能的組織を設置しただけであり、まったく別の組織ではない。このように考えると、生態学の見解そのものをそのまま経営学に応用することは困難が生じる可能性が高い。

　経営学が生態学アプローチを採用する際に、その念頭にあるのは全体性である。組織としてどのような活動をするのか、その持続性はどのように担保され、独自性を確保するのか、ここに大きな焦点が当たると思われる。このように考えると、経営組織の境界は、生態学でいう調節と制御を行う最上位システムと考えることができるかもしれない。経営組織では、調節と制御を行う主体は管理者ただ一人ではなく、場合によっては被管理者も行う。ただし、被管理者は管理者の管理下にあるということを考えると、管理者の調節と制御ができる範囲が経営組織の境界と考えることができる。しかし、ペンローズ（Penrose, E. T.）は、生物学で主流を占める考え方をそのまま社会科学に適応することの危険性を指摘している[57]。経営学は、多様な学問の援用から進化してきた背景を尊重しつつも、それをどのように経営学として肉付けするかは、今後さらなる研究が必要であろう。闇雲に援用するのではなく、どのような条件付け、内容、どこが経営学に準じるかをしっかりと示す必要がある。

# 5 ── おわりに

　バーナードは、組織とは別に協働体系を定義し、両者を明確に区分していた。その違いは、抽象概念としての組織と具体概念である協働体系である。この両者を多くの研究者は見誤り、混乱したのである。その代表者は、コープランドであった。彼は、バーナードの消費者も組織の内部に含むといった消費者包摂

論に反論をした。しかし、バーナードは、誘因－貢献関係において、労働者と消費者は本質的には同様であると反論したのである。さらに、バーナードはコープランドの論理展開と自身の論理展開を比較し、議論のレベルが異なるとした。ここでいう議論のレベルは、本章で述べたように質の差ではなく、領域の異なりである。各領域にはそれぞれの評価軸があり、他の領域を評価することはできない。共約不可能性そのものの指摘であった。

　しかし、だからといって組織境界が明確になったわけではなく、よりその解明が困難になった。現にバーナードは、「それはコミュニケーションの範囲に収まる」などと、実務としての組織境界の設定を曖昧に述べている。つまり、バーナードは、抽象的な概念である組織境界をシステム的に考察し、具体的な概念である協働体系の境界を実践的に捉えていたのである。この両者の展開が混乱を招いたのであり、このように整理してみると、さほど混乱を招くものではない。したがって、バーナードの組織境界を明確にするには、その方法論としてバーナードに準拠して考察する必要がある。ただし、それであっても現段階で組織境界を明確にする道は半ばである。

　本章では、組織境界を明確にする方法として、生態学とオートポイエーシスを取り上げた。組織を有機体として考察するがゆえに、筆者はその一つの論拠を生態学に求めたのである。生物組織は、その範囲を調節と制御により維持をする。となると、その境界は調節と制御が可能な範囲となる。生物組織では、その主体はもちろん生物そのものであるが、ヘテラルキーに行われている。社会組織では、ヒエラルキーに行われ、一般的にその主体は管理者である。すなわち、管理者が調節、制御できる範囲が組織の境界となる。もちろん、被管理者が調節、制御を行う場合もあるが、組織全体を見渡すのはやはり管理者である。

　オートポイエーシスにおける自律性の困難性は、自然科学と社会科学との相違によるものと思われる。前者においては、システム上、与えられた目的を合理的に追求し達成することが求められ、機能や仕組みが設定される。この目的に適応しないものは、排除され淘汰されることが基本である。特に工学においては、システム上、目的に合わない箇所は修正され、取り替えられることがある。また、生物は生存が目的であるため、そのメカニズムは生存に対して合目

的的である必要がある。しかし、後者は、目的的志向よりも、異なる理念や多様な目的を持つ個人がシステム内で共存し、相対主義が尊重される場合がある。それは、多様な主体の自由な意思決定を内在するのが社会システムであるからである。そのため、意図しない帰結が度々生じるが、だからといって抜本的なシステム変更、部品の取り替えは容易にはできない。したがって、自然システムにおける見地をそのまま社会システムに応用することは、ボタンのかけ違いのように齟齬が生じる可能性がある。元々の目的が異なることが多いからである。

　かくして、組織境界に関する議論は、バーナードが混乱したのではなく、「各人は自己のバーナードを読む」筆者を含めた読者が混乱している[58]。この状況を見てバーナードは何を思い、何というのであろうか。バーナードが理論の提示（an exposition of theory）に終始一貫しているならば、そこに読者が具体的かつ経験的な視点で批判をすることは、議論レベルが異なるといわざるを得ない。筆者は、バーナードを実務家出身であり、その中で研究者的な視点を持っていると錯覚していた。したがって、実務家という先入観ゆえに、バーナードの理論は具体的に理解が困難であるという結論に行き着いてしまった。しかし、バーナードは研究者以上に研究者である。もちろん、時代的にその理論を言語化する限界はあったが、当時にあのような大作を完成させたことは評価する必要がある。そして、今日多様な理論的深化がある中で、現代の視点からバーナードをどう見るか、組織論における新しいパラダイムの展開をどのように引き起こすかを期待したい。

　ヘンダーソンは『経営者の役割』を読み、重要な貢献であるが、多くの人々にとって理解は困難であり、誤解を与えかねないといった。バーナードは、もう一度書き直す機会があればもっと良くなるといいつつも、『経営者の役割』の貢献は将来に任せるのが最善といった[59]。ヘンダーソンの予想は的中し、バーナードの組織定義は、奇しくも病原菌による世界混乱の中で再度浮かび上がった。人の接触が制限されている中、多くの企業は人々の諸力の集合によって現在動かざるを得ないのである。二人は今の組織、組織論の世界を見てどう思うのであろうか。

## 【注】

* 1　庭本佳和（2015）61-89ページに詳しい。
* 2　「議論のレベル」は「抽象のレベル（level of abstraction）」と同一ではないことに留意されている。
* 3　Weick, K. E.（1979）〈遠田雄志訳（1997）〉、Hannan, M. T., Freeman, J.（1989）、Pierce, B. D., White, R.（1999）、Siggelkow, N.（2002）、Starkey, K., Crane, A.（2003）、福永文美夫（2006）など。特に福永は、経営学と進化論、生物学との親和性を述べている。

## 【引用・参考文献】

1 ）Barnard, C. I.（1938）*The Functions of the Executive Thirtieth Anniversary Edition*, Cambridge: Harvard University Press, p. 73.〈山本安次郎、田杉競、飯野春樹訳（1968）『新訳 経営者の役割』ダイヤモンド社、75ページ。〉

2 ）前掲書 1 ）p. 65.〈67ページ。〉

3 ）Simon, H. A.（1997）*Administrative Behavior: A Study of Decision Making Processes in Administrative Organizations*, NY: The Free Press, pp. 118-120.〈二村敏子、桑田耕太郎、高尾義明、西脇暢子、高柳美香訳（2009）『新版 経営行動―経営組織における意思決定過程の研究―』ダイヤモンド社、184-187ページ。〉

4 ）Galbraith, J. K.（1969）*The new Industrial State*, London: Penguin Books, p. 137.

5 ）庭本佳和（2015）「バーナード理論と組織の経済学―すれ違う 2 つの『組織科学構想』―」『経済学論究』69（ 2 ）、61-89ページ。

6 ）前掲書 1 ）p. 73.〈76ページ。〉

7 ）前掲書 1 ）p. 14.〈14ページ。〉

8 ）飯野春樹（1978）『バーナード研究―その組織と管理の理論―』文眞堂、145-166ページ。

9 ）加藤勝康（1996）『C. I. バーナードとL. J. ヘンダーソン―The Functions of the Executiveの形成過程―』文眞堂、222-249ページ。

10）前掲書 1 ）p. 73.〈75ページ。〉

11）Copeland, M. T.（1940）The Job of an Executive, *Harvard Business Review,* 18（ 2 ）, p. 154.

12）Barnard, C. I.（1940）Comments on the Job of the Executive, *Harvard Business Review,* 18（ 3 ）, pp. 295-308.

13）前掲書12）pp. 303-305.

14）前掲書 1 ）pp. xvii-xviii.〈25-26ページ。〉

15）Barnard, C. I.（1948）*Organization and Management*, Cambridge: Harvard University Press, pp. 111-133.〈飯野春樹監訳、日本バーナード協会訳（1990）『組織と管理』文眞堂、112-135ページ。〉

16）川端久夫（2015）『日本におけるバーナード理論研究』文眞堂、12-29ページ。

17）三戸公（1977）『人間の学としての経営学』産業能率大学出版部、130-151ページ。

18）前掲書17）136ページ。

19）西岡健夫（1996）『市場・組織と経営倫理』文眞堂、142ページ。

20）前掲書19）142ページ。

21）盛山和夫（1995）『制度論の構図』創文社、17ページ。

22）前掲書21）22ページ。

23）小泉良夫（1974）「管理革新の基礎（Ⅰ）─バーナード権威論の展開─」『北海道大學經濟學研究』24（2）、201-233ページ。

24）眞野脩（1978）『組織経済の解明─バーナード経営学─』文眞堂、64-67ページ。

25）前掲書24）66ページ。

26）中條秀治（1998）『組織の概念』文眞堂、269-320ページ。

27）稲村毅（2002）「バーナードの組織概念を巡る一考察」『関西大学商学論集』47（2・3）、293-310ページ。

28）前掲書27）309ページ。

29）西村友幸（2017）「組織の『山』モデル」『商学討究』68（2・3）、59-80ページ。

30）岡本康雄（1999）「組織論の潮流と基本概念─組織的意思決定論の成果をふまえて─」経営学史学会編『経営理論の変遷─経営学史研究の意義と課題─』文眞堂、57-75ページ。

31）前掲書30）59ページ。

32）前掲書1）p. 188.〈196-197ページ。〉

33）前掲書1）p. 115.〈121ページ。〉

34）藻利重隆（1973）『経営学の基礎（新訂版）』森山書店、181-182ページ。

35）山本安次郎（1956）「バーナード組織理論の一考察」『彦根論叢』（34）、208-225ページ。

36）Weick, K. E.（1979）*The Social Psychology of Organizing,* 2 nd ed., Boston: Addison-Wesley.〈遠田雄志訳（1997）『組織化の社会心理学（第2版）』文眞堂。〉

37）Hannan, M. T., Freeman, J.（1989）*Organizational Ecology,* Cambridge: Harvard University Press.

38）Pierce, B. D., White, R.（1999）The Evolution of Social Structure: Why Biology Matters, *Academy of Management Review,* 24（4）, pp. 843-853.

39）Siggelkow, N.（2002）Evolution toward Fit, *Administrative Science Quarterly,* 47（1）, pp. 125-159.

40）Starkey, K., Crane, A.（2003）Toward Green Narrative: Management and the Evolutionary Epic, *Academy of Management Review,* 28（2）, pp. 220-237.

41）福永文美夫（2006）「進化と経営学─進化論的経営学の提唱」『久留米大学商学研究』12（1），153-192ページ。

42）河本英夫（1995）『オートポイエーシス─第三世代システム』青土社、130-210ページ。

43）Maturana, H. R., Varela, F. J.（1980）Autopoiesis and Cognition: The Realization of the Living, Chohen, R. S., Wartofsky, M. W. eds., *Boston Studies in the Philosophy and History of Science* 42, Dordrecht: Reidel, pp. 78-79.〈河本英夫訳（1991）『オートポイエーシス─生命システムとはなにか─』国文社、70-71ページ。〉

44）Maturana, H. R.（1980）Biology of Cognition, Cohen, R. S., Wartofsky, M. W. eds., *Boston Studies in the Philosophy and History of Science* 42, Dordrecht: Reidel, p. 10.〈河本英夫訳（1991）『オートポイエーシス―生命システムとはなにか―』国文社、170ページ。〉

45）Luhmann, N.（2002）*Einführung in die Systemtheorie*, Heidelberg: Carl-Auer-Systeme-Verl, p. 109.〈土方透監訳（2007）『システム理論入門―ニクラス・ルーマン講義録【1】―』新泉社、120ページ。〉

46）ニクラス・ルーマン、馬場靖雄訳（2020）『社会システム論（上）或る普遍的理論の要綱』勁草書房、187-237ページ。

47）柴田明（2008）「マネジメント論におけるオートポイエーシス理論の可能性―ドイツ語圏経営経済学における議論を中心に―」『日本経営学会誌』（21）、3-14ページ。

48）塩沢由典（1995）「慣行の束としての経済システム」『専修大学社会科学研究所月報』（390）、2-17ページ。

49）Maturana, H. R., Varela, F. J. and Uribe, R.（1974）Autopoiesis: The Organization of Living Systems, Its Characterization and a Model, *Bio Systems*, 5, pp. 192-193.

50）Bich, L., Bechtel, W.（2022）Organization Needs Organization: Understanding Integrated Control in Living Organisms, *Studies in History and Philosophy of Science*, 93, pp. 96-106.

51）McCulloch, W. S.（1945）A Heterarchy of Values Determined by the Topology of Nervous Nets. *Bulletin of Mathematical Biophysics*, 7（2）, pp. 89-93.

52）Crumley, C. L.（2015）Heterarchy, Scott, R. A., Buchmann, M. and Kosslyn, S. eds, *Emerging trends in the social and behavioral sciences*, pp. 1-14.

53）Bich, L., Mossio, M., Ruiz-Mirazo, K. and Moreno, A.（2016）Biological Regulation: Controlling the System from Within, *Biology and Philosophy*, 31（2）, pp. 237-265.

54）前掲書53）p. 249.

55）Bechtel, W.（2007）"Biological Mechanisms: Organized to Maintain Autonomy", Boogerd, F., Bruggrman, F., Hofmeyr, J. H. and Westerhoff, H. V. eds., *Systems biology: philosophical foundations*, Amsterdam: Elsevier, p. 290.

56）Bechtel, W., Bich, L.（2021）Grounding Cognition: Heterarchical Control Mechanisms in Biology, *Philosophical Transactions of The Royal Society B*, 376（1820）, pp. 1-11.

57）Penrose, E. T.（1952）Biological Analogies in the Theory of the firm, *American Economic Review*, 42（5）, pp. 804-819.

58）山本安次郎（1972）「バーナード理論の意義と地位」『バーナードの経営理論―「経営者の役割」の研究―』ダイヤモンド社、5ページ。

59）前掲書8）150ページ。

# 第**4**章

## 管理者の十全性に関する一考察

# 1—— はじめに

　今日の組織社会では、その運営責任者として管理者、経営者という職能があてられる。本章では、管理者に統一して論を展開していく。管理者は、対象の組織に秩序を与え、目的に向かって統率することが重要な役割の一つである。組織は人の集まりであり、人には多様な個性、価値観がある。つまり、多様性があり複雑である十人十色の人を、どのように管理するかが重要となる。そもそも、このように多種多様な人を組織として運用することは、多くの困難が付きまとう。にもかかわらず、組織化をするということは、個人で行動するよりもメリットがあるという証左である。このような組織が有効的、効率的に運用されるために管理者は欠かせないのである。

　管理の体系化を行った先駆者は、ファヨール（Fayol, J. H.）である。ファヨールは、企業の活動を、1）技術的職能（生産、製造加工）、2）商業的職能（購買、販売、交換）、3）財務的職能（資本の調達と管理）、4）保全的職能（財産と従業員の保護）、5）会計的職能（財産目録、貸借対照表、原価、統計、等々）、6）管理的職能（予測、組織、命令、調整、統制）の6つの職能に分類した[1]。特に、管理的職能は他の職能とは異なり、人を扱うことになる。つまり、管理は人を扱い、その人が他の職能を行う。その際、管理的職能は他の職能よりも上位の職能ということができる。繰り返すように、人をどのように扱うかが、管理の中でも重要な一つの要素なのである。

　現実社会における人間は、生物としての能力の限界を有する。サイモン（Simon, H. A.）は、この限界性を「限定合理性（bounded rationality）」といっ

た。そもそも、組織化はこのような限界性を克服するために行われる。仮に組織として、ある一定の限界性を克服したとしても、それは諸力の集結による克服であって、人間そのものの限界性を克服したことにはならない。管理者も同じ人間であるから、この限界性は管理者にも当てはまるのである。例えば、予測した通りに物事が運用できなかったり、予想外の結果が生まれたりする。今日では、それを"想定外"と表現したりする。管理者は、このような事態に対して、臨機応変に対応する必要があり、そのシステムの構築も管理者の役割の一つである。

　管理者の役割を大きく２つ挙げると、目的達成と組織維持がある。目的達成は、組織が組織たるそもそもの要因であり、その達成により組織の持続性が一定程度担保される。組織維持は、従業員からのある意味、忠誠心が必要である。前者は有効性という軸で判断され、後者は能率という軸で判断される。管理者は、目的達成とともに、組織維持も加味して組織を運用する必要がある。

　以上のように、管理者の役割は多種多様にあり、一人間の能力ではすべてを管理することは困難と考えられる。そのために、組織としてシステム化をし、目的達成と組織維持を可能にするのである。しかし、システムとしてそれらを可能にしたとしても、管理者の能力の限界によって、全体像を把握するのは不可能であり、部分的把握しかできない。結局は曖昧なままで、管理を継続するほかないのである。

　そこで本章では、人に関する能力の限界について考察し、そこから組織化のメリット、デメリットをはじめとしたメカニズムについて考察する。また、管理者の能力の限界性について、それを克服するための組織構造とともに明確にする。

# 2 ── 限界性と組織化

## （1）組織化の効用と困難性

### ❶ 組織としての能力の発揮

　バーナード（Barnard, C. I.）は、組織を「二人以上の人々の意識的に調整された活動や諸力の体系」と定義した[2]。この定義が最も有名であることは、第 3 章でガルブレイス（Galbraith, J. K.）が指摘した通りである。また、協働体系との二重構造から、多くの議論を巻き起こしたのも第 3 章の通りであった。本章では、協働体系の定義である「少なくとも一つの明確な目的のために二人以上の人々が協働することによって、特殊の体系的関係にある物的、生物的、個人的、社会的構成要素の複合体」を念頭に置き展開しているが、これを組織化と表現する場合もある[3]。この意図は、本章における展開を便宜的に進めるためだけであり、そもそも筆者は、組織と協働体系は別物と考えている。この真意は、人が一人で物事を行うよりも他人と協力することにより、人一人以上の力が発揮できること、すなわち組織化することにより多くの力が発揮できると考えるからである。以上のような意味で、組織化と協働体系をほぼ同一的に考え展開していく。

　個人は、「過去及び現実の物的、生物的、社会的要因である無数の力や物を具現化する、単一の、独特な、独立の孤立した全体」である[4]。この個人が、他人と意図的な調整をして組織化することは、一般的に組織化のデメリットよりメリットが勝ると考えられるからである。その証拠に、今日の社会の大きな主体は組織であり、組織社会といっても過言ではない。私たちは生活の中で、組織が生産したモノ・サービスを意識的にも無意識的にも消費している。組織ではない個人が生産したモノを使用することの方が稀である。第 1 章で述べたように、産業革命を境に社会全体で組織化に傾倒していった。それは、組織が個人の制約（limitation）を克服する手段として有効的だからである。

　物的環境における個人の制約には、大きく分けて、1）体力、2）知覚力、3）

認識力の3つの限界があり、組織化によりこれらを克服することが期待される[5]。1）に関しては、個人にとって重すぎる石を運ぶ場合、他人と協力して運ぶことにより可能になるという体力の問題（power factor）である。次に、分業による効率化により仕事の速さ（speed of work）が上昇することが該当する。また、継続性（endurance）では、個人よりも組織によって行われた方がそれは担保される。さらに肉体的適応（mechanical adaptation）では、能力はあっても物理的に背の高さが足りないなど身体的限界があり、それは組織的代替性により解消できる可能性が高い。

　2）に関しては、1）と相補的に使用されることが常である。体力の発揮は、その対象を知覚したうえで行われるため、相互依存的である。知覚力を視力に限定すると、その対象が協働体系の内部にあるか外部にあるかにより変わる。前者の場合、同時に対象を多方向から複眼的に観察することが可能になり、後者の場合、観察範囲を広くすることにより、発見、確実性等の速さを増すことが可能になる。つまり、個人で知覚する範囲、速度等よりも組織的に行った方が、それらを増幅させることができる。また、1）と同様にこれらの知覚力は、個人軸でいうと時間とともに低下することが多い。集中力の問題である。したがって、24時間稼働の工場でも交代制を用いたり、個人を休憩させるといったことが行われる。

　3）に関しては、複雑性が日ごとに増す社会を観察するには、能力の量と質の向上が必要である。対象を多方面から複眼的に観察するには、物理的な人の量的認識力が必要である。さらには、それらを取捨選択、または統合し、意味のある分析をするには、技術という質が必要である。つまり、質と量が伴った観察者が組織の中にいれば、大きな効果を生む。いずれにせよ、組織化により個人の力以上にこれらの力が拡張され、発揮される可能性が高い。


## ❷ 組織化の困難性

　組織化をすることにより、その組織体は個人で物事を行うより多くの効用を期待することが可能になる。多くの組織体は、上述のようなメリットを享受するために組織化をすることになる。ただし、協働体系は物的、生物的、個人的お

および社会的なさまざまな要因の統合物である。このような複合体を維持するには、大きな困難がつきまとうことは容易に想像できる。例えば、組織の要素は協働意欲（willingness）、目的（purpose）、コミュニケーション（communication）3つである[6]。これらを持続的に確保し、必要なときに必要なだけ相互作用させられる環境を構築することが重要である。

　1つ目の協働意欲は、「克己、人格的行動の自由の放棄、人格的行為の非人格化」を指す。組織に参加する個人は、組織人格（organization personality）と個人人格（individual personality）との二重人格（dual personality）を併せ持つ[7]。組織における個人人格は、主観的であり、文字通り個人的動機であったり、気分であったりに左右されることがある。組織行動において多くの個人を組織化する場合、この個人人格を全面に押し出されては統率をとることが困難となる。もちろん、組織に必要な組織人格と個人人格とのベクトルがそろっているならば問題はないが、多くの場合あり得ない。協働体系では、二重人格のうちの組織人格、すなわち非人格化、客観的な側面に働きかけるのである。ただし、組織行動において組織人格と個人人格とは表裏一体であり、相互に作用していることを前提にする必要がある。

　2つ目の目的は、共通目的が本当に存在しているということを植え付けることが必要であり、これは管理職能の一つとされる。組織化されれば目的は付随するものであるが、必ずしも明示化されないこともある。その場合は、組織の行動やその方向性、結果により、ある程度推察することが可能になる。また、この目的は、組織目的と個人目的に大別することができる。つまり、組織目的と個人目的が同ベクトルならば問題はないが、多くは異なる。その場合、共通目的が本当に存在していると思わせることが、管理者の役割の一つといえる。

　3つ目のコミュニケーションは、組織にとって重要な要素、問題である。コミュニケーションにより、組織は形成され（伝達容易性）、協働体系の促進に大きく影響を与える。バーナードがいうように、コミュニケーションは組織論の中心的地位を占めるほど重要な要素である。したがって、協働体系を促進し維持できるような十分な質と量のコミュニケーションを確保しなければならない。コミュニケーションを活発に行うシステムをつくるのは管理者かもしれな

いが、その主体は各個人である。管理者は個人が能動的に協働体系に参加するような誘因を与える必要がある。

　以上のように、組織に必要な要素を3つ挙げた。これらを協働体系が組織との相互連鎖のもと促進し、維持できるように確保する必要がある。さらに、個人には「自我意識をもたず、自尊心に欠け、自分のなすこと考えることが重要でないと感じ、なにごとにも創意を持たない人間」「病的で、精神異常で、社会的でなく、協働に適しない人」が存在する[8]。このような個人がいた場合、その問題は個人にとどまらず、全体に負の要素が伝染する可能性がある。そのため、個人の素養を理由としたリストラクチャリング（restructuring）を行う場合がある。ただし、今なお続く日本における終身雇用ではリストラクチャリングは困難であり、多くの企業が四苦八苦している。したがって、協働体系に引き込む個人が、どのような個人人格を持っているかを加味して採用することが必要であるが、前もってそのようなことを調べ上げることは困難である。第1章でふれたテイラー（Taylor, F. W.）がいう、働ける体、精神があるにも関わらず力を発揮しない「第一級労働者」以外の個人は、協働体系に馴染まない。もちろん、それであっても、協働体系に引き込むこと、適材適所を見つけることが管理者の役割ともいえるかもしれない。


## （2）誘因と貢献

### ❶ 協働体系から個人への誘因

　協働体系は、個人に対し誘因（incentive）を提供し、個人から貢献（contribute）を引き出す必要がある[9][10]。協働体系は、個人が集まれば勝手に作動するものではなく、個人からの協働体系に貢献するという意欲に依存する。つまり、個人からの貢献がなければ、協働体系を促進させるどころか維持することも不可能になる。したがって、管理者は協働体系と個人との誘因－貢献関係に大きな労力を割く必要がある。

　一般的に、個人が協働体系に参加し、貢献するのは、個人にとって不利益よりも利益が勝っているからであると考えられる。もちろん、その利益は金銭的

な場合もあれば、それ以外の利益による場合もあり得る。この場合、一般的に
は利益を増加させるか、不利益を減少させるかの相対的利益の増加が考えられ
る。他にも、不利益の増加幅が利益の増加幅よりも低ければ結果的に利益の方
が大きくなり、貢献は持続すると思われる。この誘因－貢献関係は動的であり、
一時的に不利益が勝ることが多々ある。その際、協働体系に参加した個人がそ
の都度測定し、判断するのである。つまり、個人の主観的測定によって利益と
不利益との測定が行われる。このとき、協働体系が提供する誘因は客観的なも
のであり、個人の主観的測定とは異なることが多々ある。バーナードは、客観
的誘因を提供する方法を「誘因の方法」とし、主観的態度に働きかける方法を
「説得の方法」とした。

　誘因の方法には種類があり、特殊的で個人に特定的に提供されるもの、一般
的で個人ではなく、非特定的に提供されるものがある。前者は、金銭をはじめ
とした物質的誘因であったり、非物質的なもの、利益になる条件、恩恵など多
様にある。後者は、関係性をはじめとした調和的利益であり、心理的交流であ
る。他の個人との“いやすさ”はここに起因する。

　説得の方法は大きく分けて、1）強制状態の創出、2）機会の合理化、3）
動機の教導がある[11]。1）は文字通り強制を基本原理とする。強制的に協働体
系に誘因したり、協働体系に向かない個人をリストラクチャリングしたり、見
せしめ（example）による強制環境を構築するのである。ただし、今日の環境
下では、強制状態の創出のみでは不完全であったり、不適切であることが多い。
2）は興味を基本原理とする。機会を提供し、この機会が他の機会よりも対象
の個人を満足させることを理解してもらう。換言すると、協働体系に参加した
方が、参加しないより個人にとって“ためになる”という説得である。3）は
教育を基本原理とする。幼少期から何らかの協働体系に参加することが意味の
あるものと教育されれば、その可能性は高い。成人に対しては、おおよそ宣伝、
後方的なものになる。これらを教え込むことは、バーナードによると家庭教育、
一般家庭教育の一部であるとする。

## ❷ 誘因－貢献の段階と部分的判断

　ここで産業組織を例に挙げ、具体的に誘因－貢献関係を考察する。この場合、多くは金銭的誘因が中心であり、それに付属して個人的かつ非物質的な満足があると仮定し、1）協働体系に興味を持ってもらい、2）参加させ、3）貢献を持続させるという3段階を検討する。

　1）の段階では、個人から貢献を引き出すために金銭的な誘因を出す。この際、この金銭的な誘因は客観的指標であり、中心的である。個人は、その金銭的指標が他の組織と比べてどうなのか、仕事内容と比べてどうなのか、他にも勤務地や条件などの多様な要素と比較し、主観的に判断する。その結果、個人にとって利益が勝れば、2）参加という決定をする。

　次に、2）の参加させる段階は、1）の余韻で可能になることが多く、そのまま3）の貢献を持続させる段階に移行する。貢献を持続させる段階は、個人にとってはより主観的に事象を把握することになる。その際に、金銭的誘因が相対的に低くなる場合もある。金銭的誘因は、その即効性があることを十二分に認めつつも、多くは慣れが生じてしまうことになる。例えば、当初の金銭的設定に満足していても、その後その設定に慣れてしまいより多くの金銭的誘因を求めるのである。これは、個人が協働体系に参加し、主観的に測定した貢献度や達成感などと協働体系、すなわち組織が個人を測定した評価は、時間とともに度々ずれることが多いからである。このようなギャップに対し、個人は「評価されていない」と感じることが多く、この不満がどのように解消されるかが鍵である。金銭的誘因で解消される場合もあれば、昇進、裁量権を与えるなど、非金銭的誘因によって解消される場合もある。その際、個人の内的主観的判断と他者の評価を加味する外的主観的判断がある。

　誘因－貢献関係の大きな問題の一つは、個人が貢献を続けるかどうかを判断する方法は、動的で個人のタイミングに依存していることである。動的に考えた場合、個人が利益を感じる期間もあれば、不利益に感じる、すなわち不満足に感じる期間もある。個人がこの不満足に感じる事象を、量的に耐え得るのか、質的に耐え得るのか、部分的に耐え得るのか、全体として満足との差し引きで評価するのかは多様である。この個人が、主観的に測定する事象を協働体系側

が認識することは困難である。協働体系側は、個人が協働体系に貢献している最中の組織人格の測定が中心であり、実際に個人人格がどのような決定をしているかを知ることは不可能である。つまり、貢献をしていることが確認できれば、特段の対処がない限り、誘因はうまくいっていると判断するほかない。いずれにせよ、協働体系側は、個人の部分的側面しか認識することができないのである。

# 3── 管理者の役割

## （1）管理と経営

### ❶ ドイツ経営学とアメリカ経営学

　日本では、管理者と経営者が明確に区分されていないように思われる。言葉が異なるということは、その意味も異なることが一般的である。もし、意味が同じであるならば、そもそも別の名称をつくる必要はないと思われる。特に、学問などの厳密性が求められる領域であるならば尚更である。ここでは、管理者を管理する者、経営者を経営する者とし、つまるところ、管理と経営との相違を考察する。第2章で北野利信に従い管理と経営との相違について述べたが、それを振り返りつつ詳細に検討する。

　日本経営学が「骨はドイツ、肉はアメリカ」と、異なる学問体系から成り立っていることは第1章で述べた通りである。この言葉を聞き、研究してみると確かにその通りだと思うのは、筆者だけではないはずである。しかし、骨に肉が自然に付くわけではなく、何らかの共通項が必ず必要である。人体に置き換えてみれば容易に理解できる。例えば、臓器移植において拒否反応が起きることがある。これは、移植先の人体において、移植臓器を異物として認識し排除しようとする働き、すなわち免疫が作動するからである。骨としてのドイツ経営学は、日本という環境下で何も拒否反応を示さず、アメリカ経営学を受け入れたのであろうか。

第2章でも述べたが、三戸公は、経営学は4つの方向を取り得るとし、1）経営経済学（ドイツ経営学）と経営管理学（アメリカ経営学）との並立・並存、2）経営経済学と経営管理学との統合・融合、3）経営経済学の鈍化、4）経営管理学の鈍化であるとした[12]。このうち、「骨はドイツ、肉はアメリカ」の表現が当てはまるのは、2）の経営経済学と経営管理学との統合・融合である。おそらく、時代背景から考えると、両者の統一化による学問的発展を模索した結果、「骨はドイツ、肉はアメリカ」という表現が生まれたのではないかと考えられる。戦後「アメリカ経営学一辺倒」になったことを加味すると、ドイツ経営学とアメリカ経営学は本質的には異なるのである[13]。もし仮に「骨はドイツ、肉はアメリカ」であり、今日は「アメリカ経営学一辺倒」であるならば、骨は抜け落ち、肉は崩れるはずである。一体、今日の経営学は何を意味しているのであろうか。つまるところ、日本経営学者はドイツ経営学、アメリカ経営学の便宜的取捨選択に終始していたのである。

　北野は、アメリカ経営学は経営という機能を基盤とし、ドイツ経営学は経営という実体を基盤とするという[14]。前者は、組織一般という形で横に広がりを見せ、後者は企業の本質的実態という形で縦に深まるのである（図4-1）。つまり、組織一般のアメリカ経営学にとって、企業の本質的実態を取り扱うドイツ経営学は、組織視点からいうと一部である。そういう意味では、組織という共通点により、両者の統合可能性があると思われる。しかし、その一点のみで両者をつなぐことは心もとないとも考えられる。

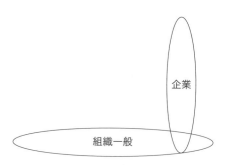

図4-1　組織一般と企業との軸のイメージ

出所：筆者作成

## ❷ 管理と経営の相違

　日本では、「経営管理」という言葉がある。第2章において、広義の経営学には3つの視点があるとした。1）内観的視点である管理、2）内観的俯瞰の視点である経営、3）観察の視点である社会の3つである。このように考えた場合、「経営管理」とは経営と管理とを双方加味するという理解でよいのであろうか。しかし、北野は「経営管理」という言葉に対して激しい批判を加える[15]。彼によると、ドイツ経営学をルーツに持つ研究者に「経営管理」を使用する傾向があるという。ドイツ経営学を基盤とし、そこにアメリカ経営学の流れを汲もうとしてmanagementの訳を管理に当てはめ、事業組織（business organization）とbetrieb（企業）と同義とする。そして、管理はbetriebの管理にほかならないとし、「経営管理」という合成語ができたとする。この流れに関して北野は、文化的背景を無視して概念的折衷をすることに警笛を鳴らす。

　つまるところ、訳し方の問題もありつつも、その根本はmanagementとadministrationとの相違になる。まずは語源を見てみる。前者のmanagementはto control a horse、horsemanship であり、手を使い、コントロールするという意味である。以上が転じて、物事をうまく扱うことという意味がある。後者のadministrationは、to manage、carry out、attend、serveであり、経営する、実行する、付き添う、奉仕するという意味がある。以上が転じて何らかの方向に向かった、仕えることという意味がある。語源から見ると、両者はほぼ同義でありながらもadministrationは、定型的な印象を受ける。

　今日では、すべてをマネジメント、経営としていいまとめる傾向がある。特にマネジメントは、とても変便宜的に使われている。例えば、自身の怒りの感情をコントロールするアンガーマネジメント（anger management）、人間関係の質を向上させるホスピタリティマネジメント（hospitality management）がある。他にも経営学では伝統的にサプライチェーンマネジメント（supply chain management）やデマンドチェーンマネジメント（demand chain management）がある。これらの〇〇マネジメントは、主体も対象も異なり多様であるが、"うまくやる"という意味を表していることは共通している。一方、経営は狭義の経営学、広義の経営学という表現がされる。ここでは、両者の違

いについてこれ以上述べないが、管理は定型的であり、経営は非定型的である。つまるところ、定義をどのように設定するかにより変化し、両者は相対的である。


## （２）ファヨールの管理と経営

　本章の冒頭で述べたように、ファヨールは企業活動を６つの職能に分類した。彼は、企業の最高指導者の職務を「企業が自由に処分するすべての資産から可能な最大の利益を引き出すように努めながら、企業をその目的へと導くことである。それは６つの本質的な職能の運びを確かなものにすることである」といい、この活動を「統治（gouverner）」とした[16]。この統治はおおよそ「経営」と読み替えても大きな問題はないと思われ、また、経営の方が一般的である。留意する点は、管理（administration）と経営（gouvernement）の相違である。「管理は、経営がその運びを保障しなければならない６つの色の一つ」、つまり管理は経営の一部なのである[17]。

　経営者が、これら６つの機能すべてに絶えず目を配ることは不可能である。例えば、組織の質的複雑化がある。第１章で述べたように、初期の管理では、扱う物、手順は単純であり、人に対しても組織運営上、機械的なものとして扱われていた。しかし、今日では人の感情的側面を広く経営に取り込み、人間関係を含めた非公式組織（informal organization）を加味する必要がある[18]。つまり、二重人格を持つ個人をより把握することが必要である[19]。したがって、経営者が、これらの多様で複雑化した対象をすべて把握することは困難といえ、部下にその一部を委ねることになる。

　ファヨールは、６つの職能のうち、管理的職能は明らかに他とは異なる職能としている。「管理機能は器官ならびに社会体を持つにすぎない。その他の職能が材料と機械を活動させるのに反して、管理機能は従業員に働きかけるだけである」[20]という。となると、材料や機械を扱うのは人であることから、管理的職能は、他の職能よりも上位の職能といえる。経営者にとって、６つの職能は同列ではなく、管理的職能が重要視される。これは企業の規模が大きくなればなるほど量的に増し、質的にも高度なレベルで要求されるのである。

　表4-1、表4-2は、産業企業の従業員に必要な諸能力の相対的重要性をまとめたものである。これらの表の本質は、各数値の信憑性や妥当性などではなく、相対的数値の差である。もちろん、業種、業態、組織形態によって、相対的数値は変化すると思われる。表4-1で注視する点は、管理的能力と技術的能力における取締役と労働者との反比例具合である。一般的に職位が上がるにつれて管理的能力が必要となり、技術的能力の必要性は相対的に低くなる。表4-2で注視する点は、組織規模が大きくなればなるほど管理的能力が必要となることである。

**表4-1　産業企業の従業員に必要な諸能力の相対的重要性（大規模工場）**

| 職能 | 能力 | | | | | |
|---|---|---|---|---|---|---|
| | 管理 | 技術 | 商業 | 財務 | 保全 | 会計 |
| 労働者 | 5 | 85 | — | — | 5 | 5 |
| 職長 | 15 | 60 | 5 | — | 10 | 10 |
| 係長 | 25 | 45 | 5 | — | 10 | 15 |
| 課長 | 30 | 30 | 5 | 5 | 10 | 20 |
| 技術部長 | 35 | 30 | 10 | 5 | 10 | 10 |
| 取締役 | 40 | 15 | 10 | 10 | 10 | 10 |

出所：Fayol, J. H.（1916）*Administration industrielle et générale*, Paris: Bulletin de la Société de l'Industrie Minérale, p. 10.〈佐々木恒男訳（1972）『産業ならびに一般の管理』未来社、25ページ。〉をもとに筆者作成

**表4-2　産業企業の従業員に必要な諸能力の相対的重要性（企業の責任者）**

| 企業規模 | 能力 | | | | | |
|---|---|---|---|---|---|---|
| | 管理 | 技術 | 商業 | 財務 | 保全 | 会計 |
| 原基 | 15 | 40 | 20 | 10 | 5 | 10 |
| 小規模 | 25 | 30 | 15 | 10 | 10 | 10 |
| 中規模 | 30 | 25 | 15 | 10 | 10 | 10 |
| 大規模 | 40 | 15 | 15 | 10 | 10 | 10 |
| 超大規模 | 50 | 10 | 10 | 10 | 10 | 10 |
| 国営 | 60 | 8 | 8 | 8 | 8 | 8 |

出所：表4-1と同じ　p. 11.〈29ページ。〉をもとに筆者作成

ファヨールは管理的職能における「管理」を以下のように、予測し、組織し、命令し、調整し、統制することであると定義している[21]。

　予測すること、すなわち将来を吟味し、活動計画を作成すること。
　組織すること、すなわち企業の物的ならびに社会的な二重の組織を構成すること。
　命令すること、すなわち従業員を機能せしめること。
　調整すること、すなわちあらゆる活動とすべての努力を結びつけ、一元化し、調和させること。
　統制すること、すなわちすべての事柄が確立された規準と与えられた命令とに従って行われるように注意すること。

　最後に、図4-2でファヨールが述べたことを図式化する。上述のように、ファヨールは、管理的職能は人を対象とし、その他の職能は物や技術などを対象にしていると明確に分けている。そして、職位が上がる、または組織規模が拡大するにつれて、管理的職能が相対的に重要になることを指摘したのである。さ

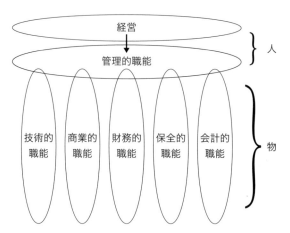

図4-2　ファヨールによる経営と6つの職能の関係図

出所：表4-1と同じ　pp. 1-5.〈17-22ページ。〉をもとに筆者作成

らに、これらの職能をまとめ、目的達成へと運用するのが経営であるとした。ファヨールは、すでに管理と経営とを明確に区分していたのである。

# 4 ── 意思決定の概念的範囲

## （1）認識の範囲とその限界

### ❶ 限定合理性の発見

　サイモンは、1916年ウィスコンシン州ミルウォーキーに生まれ、認知心理学者、情報科学者、経営学者、政治学者として多様な功績を残した。中でも1978年にノーベル経済学賞を取るきっかけとなった『経営行動』は、これまでの常識を一新するものであった。その代表に、意思決定の主体性格が、経済人（economic man）なのか、経営人（administrative man）なのか、という根本的分類がある[22]。

　これまでの経済学者は、意思決定者である経済人は「最大化（maximize）」をし、選択をする際に、すべての代替案を列挙することができ、代替案から生ずるすべての結果を確定でき、結果をそれぞれ比較することができることを前提としている[23]。サイモンは、経済人を意思決定主体の前提とする経済学者を以下のように批判する[24]。

　　経済学者が、非常識なほどの全能の合理性（rationality）が経済人にあるとしている。経済人は、完全で矛盾のない選好体系をもっており、それによって、彼にとって開かれている代替的選択肢から選択することがいつも可能になっている。さらに、彼はいつも、これらの選択肢はどういうものであるかを完全に知っており、どの選択肢がもっともよいか判断するために行うことのできる計算の複雑さに関する制約はなにもない。

　これまでの古典的経済学では、経済人を全知全能の神のように扱っていた。

というよりは、「最大化」をすることを前提においた方が研究展開をしやすかったのである。したがって、経済人は、すべての選択肢から唯一の正解を選択するという「最大化」が可能になる。

その一方、経営人は「満足化（satisfice）」し、自身が「満足できる、もしくは『まあまあ（good enough）』」な選択肢を探すとサイモンはいう[25]。具体的にいうと「『市場シェア（share of market）』、『妥当な利益（reasonable profit）』、『適正価格（fair price）』」が挙げられる。経営人は、経済人が「すべての複雑性に対処する」のに対し、自身の近くの認識範囲内を現実世界として把握する。いかに錯綜している現実でも、「原因と結果の連鎖はたいてい短く単純」であると考え、「状況のごくわずかな要因だけをもっとも関連がありきわめて重要であるものとして考慮する」傾向があるとサイモンは述べている[26]。

経営人は、最大化よりも満足化が決定基準であり、すなわち、すべての代替案を調べようとはせず、単純な経験則で意思決定することを行う。この単純化は、すべての事柄の相互作用も排除して画一化し、誤りを招く可能性もある。しかし、認識的制約のもとでは、他に新しい選択肢を探索することは大変な困難がつきまとうのである。

以上のように、人は合理性を求めても能力の限界により求めることができないことを「限定合理性（bounded rationality）」という[27]。表４-３のように個人は理想を追い求めるが、実際は認識の限界性から断片的・部分的な満足化を行うのである。仮に合理性という用語を使用し、その意味を明確にするには、限定的に使用しなければならない。つまり、合理性に表４-４のように修飾語を付けるか、文脈の中で合理性を明確に定義付けることが必要である。

主体による意思決定は、基本的に環境との作用の結果である。その際の変数は、主体そのものと環境の複雑性の両者がある。主体の変数は、認識能力に依存し、認識能力を上げるためには、選択肢の量的拡大と内容を吟味する分析力の質的拡大を要する。その一方で、環境は、エントロピー増大の法則のように日ごとに複雑性を増すばかりである。かつ問題は、環境は静的ではなく動態的であり、その中で意思決定をしなければならないことである。さらに、主体の認識能力の向上よりも環境の複雑性増大の方が、一般的に速度が速い。その

## 表4-3　合理性の理想と現実

| 理想 | 現実 |
| --- | --- |
| 各選択に続いて起こる諸結果についての完全な知識と予測が必要。 | 結果の知識は常に断片的なものである。 |
| 諸結果は将来のことであるため、それらの諸結果と価値を結び付ける際に想像によって経験的な感覚の不足を補わなければならない。 | 価値は不完全にしか予測できない。 |
| 起こり得る代替的行動のすべての中から選択することを要求。 | 実際の行動では、可能な代替的行動のうちほんの2、3の行動のみしか心に浮かばない。 |

出所：Simon, H. A.（1997）*Administrative Behavior: A Study of Decision Making Processes in Administrative Organizations,* USA: The Free Press, pp. 93-94.〈二村敏子、桑田耕太郎、高尾義明、西脇暢子、高柳美香訳（2009）『新版 経営行動―経営組織における意思決定過程の研究―』ダイヤモンド社、144-145ページ。〉をもとに筆者作成

## 表4-4　合理性の修飾語による限定

| 修飾語 | 基準 |
| --- | --- |
| 主観的な | 本人が実際に持っている知識に応じて成果を極大化する決定行動。 |
| 客観的な | 実際に、所与の状況の下において所与の価値を極大にするための正しい行動。 |
| 意識的な | 手段の目的への適合が意識的な過程である程度に応じた行動。 |
| 意図的な | 手段の目的への適合が（個人によって、または組織によって）意図的に行われた程度に応じた行動。 |
| 組織にとっての | 組織の目標に向けてなされたある決定。 |
| 個人にとっての | 個人の目標に向けてなされたある決定。 |

出所：表4-3と同じ　p. 85.〈130ページ。〉をもとに筆者作成

ため、主体は限定的な満足解を追求し、それしかできないのである。さらにいうと、環境の複雑性に対処する可能性を拡大するために、人は組織化を行うのである。

### ❷　求めた結果と求めなかった結果

認識の限界がある個人は、限られた範囲内でしか物事の因果関係を発見する

ことができない。しかし、その因果関係も第2章で述べたように、個人的認識によってつくられた因果関係である。個人である管理者も同様の限界があるのである。バーナードは認識の限界を前提に、目的の達成に伴う「求めた結果（the results sought）」に対して「求めなかった結果（the unsought consequences）」が必ず付随するという[28]。バーナードは両者の関係について以下のように述べ、後者の重要性を指摘する[29]。

　欲求、衝動、欲望－すなわち動機－によって惹起された活動が求める目的を達成し、緊張をとく場合もあり、しからざる場合もある。しかし、活動は常に求めない他の結果を伴う。通常これらの求めない結果は、偶然的なもの、とるに足らないもの、些細なものとみなされる。たとえば、食糧にしようとして動物を追いかける人は、大気に熱を発散し、少量の砂をくだき、少しばかり皮膚を傷つけ、そのうえに動物をとらえようとしている間に食物の必要性を多少とも増している。また、ときには求めない結果が些細とはみなされない場合もある。たとえば、追いかけている人は石をころがして、自分の家族、住居、貯蔵食料を破壊するような、なだれを引き起こすかもしれないのである。

　食料調達という求める目的に対して、行為により結果を獲得しようとする過程で、両者は計られるのである。求めた結果は、求める目的に対して達成されたか、されなかったかということが指標になる。問題は、当初認識していなかった、詳細にいうならば認識不可能であった求めなかった結果である。求めなかった結果は、当初の目的の範囲外であったわけであるから、求めた結果のように「目的－結果」としての関係的指標がなく、その結果のみによって判断される場合と、求めた結果や過程と比較して判断される場合がある。求めなかった結果が些細なものであれば、行為主体にとって特段問題のないものとして処理される。しかし、求めなかった結果が行為主体にとって重大であり、かつ求めた結果を矮小化するほどの問題であった場合、当初認識の範囲外であった求めなかった結果が、結果的にその目的－結果関係の判断基準の中心となってしまう

こともある。

　上述の求めた結果と求めなかった結果における目的－結果関係は、基本的には行為主体である個人を中心として考えることが可能である。もちろん、求めた結果の範囲内で、他者をはじめとした環境へ影響を与えた場合、その評価は目的－結果軸でされることになるが、求めなかった結果は、その行為主体であっても目的－結果軸で測定することは不可能で、その影響が環境へ及んだ場合、より問題は複雑になる。つまり、その結果が誰にとっての結果であるかを考慮に入れる必要があり、関係関数が増加するのである。繰り返すように、このような結果の波及を事前にも事後にも把握することは、認識範囲の限界により限定的になってしまい、ときには不可能なのである。

　協働体系の普遍的な求める結果は、目的達成と組織維持の2つであり、個人の場合と比べて複雑である。多くの場合、目的達成は外部環境との作用の結果であり、組織維持は外部環境との作用もありつつも、組織内部における貢献の半永続的獲得である。目的達成の有効性は、上述のようにそれが目的－結果軸において達成されたか、されなかったかという評価である。組織維持は、協働体系が提供する誘因により、その意思決定者である個人が貢献をするかどうかが基準になる。したがって、協働体系における組織維持という目的の評価軸は、組織が維持でき得る量の貢献活動を獲得できるかどうかに関わるのである。

　一方、協働体系の求めなかった結果は、行為の求めた結果に付随する。貢献獲得活動において、活動そのものは求めた結果の過程である。しかし、その活動に付随した求めなかった結果により、貢献獲得先である個人に悪影響を与えた場合は問題である。もちろん、その対象は複数であることが一般的であるから、結局は総数として求めた結果と求めなかった結果が貢献獲得活動にどのような影響を与えたかを事後的に検証することになる。もっと具体的にいうと、組織維持が可能であればそれは問題とならないし、不可能であればそれは問題であったということになる。しかし、一般的に不可能であったと事後評価した場合、その組織は存続不可能状態である場合が多い。

　外部との相互作用における目的達成活動は、より複雑な関数を含むことになる。上述のように、求めた結果は目的－結果軸により測定することは可能であ

るが、求めなかった結果の程度によっては、組織維持自体が不可能になる場合もある。例えば、生産活動と自然環境への影響を考えてみる。日本初の公害事件とされる足尾鉱毒事件は、足尾銅山の開発により排煙問題、鉱毒ガス、鉱毒による水汚染という環境問題を引き起こした。足尾鉱山における求めた結果は、"銅の採掘"であり、"環境汚染"ではない。環境汚染は、求めなかった結果である。このような生産活動と自然環境における求めた結果と求めなかった結果の関係は、今現在でも至るところで起こっている。問題は、求めなかった結果が比較的大きな問題となることであり、かつその影響を受ける対象が不特定多数であることである。問題の大きさによっては、組織そのものが解体になる場合もある。加えて、求めなかった結果が良い結果になる場合もある。この場合は、目的達成、組織維持に対して大きな問題となることはほとんどない。

　以上、個人における求めた結果と求めなかった結果、協働体系における求めた結果と求めなかった結果の検討を行った。それぞれ、求めた結果は目的－結果軸で達成されたか、されなかったかの評価が可能であり、求めた結果の範疇であれば、行為主体外への影響も目的－結果軸で達成の有無を評価できる。問題は、求めなかった結果の扱いと協働体系と個人の関係性における扱いである。この打開策として、バーナードは2つの概念を生み出す。


## （2）管理者の役割

### ❶ 個人における有効性と能率

　バーナードによると、協働体系を維持するためには、組織均衡が必要となる。また、組織均衡は動的なものであり、全体に対する継続的な再調整が必要となる。その際に、彼は「有効性（effectiveness）」と「能率（efficiency）」の概念を導き出した[30]。端的に、有効性は、その目的が達成されたかどうかの指標であり、能率は、その過程において主体が満足をしたか、しなかったかの指標である。つまり、目的が達成されても、その過程において主体の動機が満足しなければ、有効的であっても非能率ということになる。逆もしかりであり、両者を達成することが必要である。有効性は、求めた結果に対しての指標であるが、

能率は求めた結果とともに、付随する求めなかった結果を加味した総合的判断になる場合もある。したがって、有効性は目的達成の尺度という単純なものであるのに対し、能率は目的達成に関わる動機に対する満足度と、求めた結果と求めなかった結果を総合的に加味した満足度の両者があると考えられる。以下、バーナードを引用して確認してみる[31]＊1。

　　ある特定の望ましい目的が達成された場合に、その行為は「有効的」であるという（目的達成○動機満足？全体満足？）。行為の求めない結果が望んでいる目的の達成よりもいっそう重要であり、しかも不満足なときには有効な行為でも「非能率的」という（目的達成○動機満足？全体満足×）。求めない結果が重要でなく些細なものであるときには、その行為は「能率的」である（目的達成○動機満足？全体満足○）。さらに求める結果が達成されないで、求めもしない結果が行為の「原因」ならざる欲求や動機を満たす場合の生ずることがよくある。その場合には、このような行為を、能率的であるが有効的でないと考える（目的達成×動機満足○全体満足？）。後から考えると、このような場合の行為も求めた結果によってではなくて、求めざる結果によって正当化されることとなる（目的達成？動機満足？全体満足○）。

　上記は、とても難解であるが、個人的行為における能率評価の対象は3種類あることに留意してもらいたい。1つ目に、求めた結果が何にせよその行為に対して満足したかしないかという「求めた結果」の動機的過程に対する評価、2つ目に、求めなかった結果に対して、満足したかしないかという「求めなかった結果」に対する評価、3つ目に、「求めた結果」と「求めなかった結果」の総合的結果に対して満足したかしないかである。多くの場合は、1つ目と3つ目が能率の評価の中心になっている。したがって、能率評価に関して求めた結果の有効性が直接的に関与している場合もあれば、能率に覆い包まれ、関係が限りなく薄くなる事態も考えられる。つまり、有効性が能率に従属してしまうこともある。

　以上は、求めた結果と求めなかった結果に対して有効性があったか、能率で

あったかの評価である。問題は、このような結果に対する評価軸を個人と協働体系の両主体においてどのように把握するかである。つまり、個人における有効性と能率、協働体系における有効性と能率は、どのような関係、共通性があるのかである。

## ❷ 協働体系における有効性と能率

　有効性の評価軸は、目的を結果と照らし合わせて達成できたかどうかである。企業において多くの場合、その評価は数値化することが可能であり客観的である。また、協働体系における行動は、一般的に個人貢献活動の集合体であるから、協働体系の外的目標達成の有効性は、そこに限って個人行動の有効性の集合体とおおよそ微分的に考えることが可能である[32]*2。とすると、有効性に関する評価の是非は、目的達成に依存し客観的であるため、個人であろうと協働体系であろうと同様である。では、能率に関してはどうか。能率は、ある行為に対して主体が満足か、不満足かが評価軸になり、人格的かつ感情的評価である。個人であるならば、その感情の帰属先は個人であるから評価主体も個人であるが、協働体系の感情的評価主体、すなわち協働体系における能率の帰属先は、今のところ見当たらない。

　再度、バーナードの記述を見てみる。彼は、協働行為の有効性は「協働体系の目的の達成に関連し、その体系の要求という観点から決められるものであるが、能率は個人動機の満足に関連する」という。それに続き以下のように述べている[33]*3。

　協働体系の能率は、その構成員としての努力を提供する各個人の能率の合成されたものであり、したがって各個人の観点からみられたものである。個人は自分の行為によってその動機が満たされていることがわかると、協働的努力を続けるし、然らざる場合には続けない。…（中略）…彼は自分の貢献をひかえるか、やめるであろうし、その結果協働は破壊される。彼が自分の貢献を能率的と考えれば、貢献は継続される。かくして協働体系の能率とは、それが提供する個人的満足によって自己を維持する能力である。これは協働

体系を存在させる均衡の能力、すなわち負担を満足と釣り合わせることといえよう。


　協働体系における能率の第一次的な帰属先は個人で、その正体は個人の能率の合成である。そして第二次的な帰属先である組織は、自己を維持する能力が組織にとっての能率になる。つまり、貢献獲得活動における貢献の獲得である。この瞬間、おかしなことが起きる。協働体系における目的の一つに組織維持がある。組織維持をするためには、誘因−貢献関係において維持するに足り得る貢献を引き出すことが必要である。その際、組織維持は目的であるから、達成されれば有効的であり、達成できなければ非有効である。とすると、協働体系における能率が行方不明になってしまう。

　さらに、バーナードによると「協働体系が能率的であるためには満足の余剰を作り出さねばならない」とし、「個人の貢献に対して何がどれだけ与えられるか」が重要であるという[34]。有効性は、個人であっても協働体系であっても目的の達成の有無に関わるため評価軸は同一であった。能率は個人においては、満足に依存しており主観的感情性がその中心であった。しかし、協働体系になると個人に対する貢献獲得活動になり、さらには貢献獲得活動とその分配における経済性に移り変わっており、これは協働体系の求めた結果の過程であり、客観的であり、有効性を達成するための方法論である。繰り返すように協働体系に対する能率という部分が抜け落ちているのである。

　バーナードは、協働体系における有効性は目的達成のいかんに関わるといった。この結果が、個人的動機を満たし、協働体系が維持でき得る貢献を十分に引き出すことができたかどうかが協働体系の継続性に必要であるという。協働体系は、多様な構成要素の複合体であるが、その本質は人間である。つまり、協働体系の行為は、個人の貢献の結合である。そういう意味でいうと、協働体系の行為における有効性の達成は、個人行為にすべて関わっているとまではいわないまでも、重要な要素の一つである。したがって、協働体系の有効性の発揮のために個人への働きかけが重要という観点からいえば、その意味において能率もどうにか理解することは可能である。要するに、協働体系における有効

性と能率は、双方とも個人の行為、感情等の集結に関係していると考えること
ができる。ただし、このように考えると個人における有効性と能率、協働体系
における有効性と能率の関係において能率は一貫しないことになってしまう。
協働体系における能率は、結局は組織維持という目的に関する有効性の問題に
包摂されてしまい、能率は有効性のための方法論になるのである。

　具体的な協働体系の中から抽象的な諸力を抽出したものが組織であるが、両
者とその行為は非人格的な要素の集合体である。この持続性のために誘因−貢
献関係において有効性と能率が必要である。しかし、組織均衡になると非人格
を超えた対象を加味する必要がある。組織均衡において、協働体系が貢献獲得
活動をする場合、対象である個人の能率に働きかけることになる。この場合、
能率は満足軸であるから人格的な評価によって決められる。対象である個人が、
能率的に感じ満足するならば貢献を継続する。つまり、協働体系は個人に対し
非人格的な諸力という貢献をしてもらうために、人格的な能率に働きかける必
要がある。したがって、協働体系が誘因をする対象は、個人の全人格であり、
抽出する対象は非人格的な部分である。

　換言すると、組織に参加する個人は、組織人格と個人人格とを併せ持つ二重
人格である[35]。協働体系の誘因の対象は、個人人格の能率に働きかけることに
なる。誘因した後に、貢献獲得として組織人格を抽出することになる。となる
と、誘因時は、個人人格に組織人格は従属することになり、貢献時には、個人
人格は組織人格に従属することになる。ただし、上記の論述は、組織の存在を
所与の前提とする必要がある。つまり、協働体系に初貢献する個人は、その協
働体系に対する組織人格はないはずである。個人人格の中から組織人格が生ま
れるのか、別個に形成するかのは現時点では定かではないが、結局、個人人格
は無視できないほど重要なのである。

### ❸ 管理者における組織維持活動

　組織を維持するためには、組織均衡論に立つならば、内的均衡と外的均衡を
保つ必要がある。前者は、組織が個人に対して誘因を行い、その誘因によって
個人が組織に対して貢献をするという誘因−貢献関係の均衡である。個人が組

織に対して持続的に貢献を提供するためには、個人がその行為と結果に対して満足をする必要がある。後者は、外的環境との作用において、目的を達成する必要がある。この目的達成により、内的均衡が保たれる場合も多々ある。したがって、内的均衡と外的均衡は相互補完的であり、両者を両輪と考える必要がある。

　以上の組織維持活動および目的達成活動は、おおよそ管理者が中心になることが多い問題である。本書では、管理を組織内観的視点と捉えて、経営を内観的俯瞰視点とした。つまり、管理は組織内部の定型的業務を行うこと、経営は組織外部との非定型的相互作用を扱うことである。もちろん、組織内部で部署間の関わりがある場合、管理規模によっては経営的行為を行うことも考えられる。さらに、小規模の企業では、経営者が管理と経営の双方を担っていることも多く、ここでは、管理と経営は職能と考える必要がある。ただし、これらの職能を実際に発揮するのは個人であり、個人の能力、認識の限界によりその職能は制限される。そのため、管理者は組織を自身の管理が有効的・能率的になるように組織を形成、仕組みづくりをするのである。

　目的達成に関わる有効性を達成するために、管理者は組織を管理することになる。管理は、一般的に直接的管理と間接的管理があり、この両者は明確に分ける必要がある。相互関係の種類を挙げると、「管理者－部下」「管理者－部下ら」「管理者－部下らの人間関係を加味する」という 3 つの関係性が挙げられる[36]。一般的に、組織規模が大きくなると、ある一定程度まで管理対象者数は増加し、関係性を加味する管理対象数は減少する。仮に、管理対象者の関係性を加味した場合、個人と個人との関係性は幾何学的に増加し、管理対象数は増加してしまう。アーウィック（Urwick, L. F.）は、管理者は 5 人または 6 人以上の部下の仕事が絡み合っている場合は、直接的な管理ができないと指摘する[37]。それが人間の一般的な統制の幅（span of control）の限界であり、さらには心理的要因である「関心の幅（span of attention）」も加わるからだという。関心も能力のうちに含めば、まさしく人間の能力の限界により、統制の幅、すなわち管理の幅は制限されるのである。

　直接的管理は、管理者の認識能力に直接的に依存する。その場合、上述のように部下 5、6 人程度の個別的管理が可能であり、関係性を加味すると管理が

困難になる。ただし、これは業種・業界や組織形態との相性を加味する必要がある。部下の裁量がほとんどなく、かつ管理者の厳密な管理が必要な場合は、自ずと管理者が管理可能な単位は小さくなる。したがって、管理単位を大きくしようとすれば、他の管理者を設置する必要がある。おおよそ、直接的管理は第１章で述べた初期の管理との相性が良く、職長制度を用いた第一次産業に多く採用された管理方式である。

　上記の内容を具体的に図４-３にて説明する。管理者Xは、部下A、B、C、Zを管理する。部下はそれぞれ組織に対して諸力であるa、b、c、zを貢献として提出する。諸力のa、b、c、zは、何らかの求めない結果a'、b'、c'、z'を引き起こす。この求めない結果が些細なもので問題がなければよいが、大きな問題だった場合は、その都度臨機応変な対応が必要であるし、場合によっては全体のシステムを再構築する必要がある。直接的管理は、このようなことを加味する必要があるため、必然的に管理の幅は狭くなる。

　もっというと、A、B、C、Z間の関係性を加味すれば、管理者が管理する必要がある関係関数はより多くなる。また、Aの諸力であるaを投下しそれに付随するa'が発生することにより、その他、A、B、C、Zが受ける影響も変化することは容易に想像できる。そして、A、B、C、Zの行動様式も変化するかもしれない。したがって、その関数であったり、変数であったりを管理者がすべて把握することは、動的であり困難である。繰り返すように、組織の複雑性と

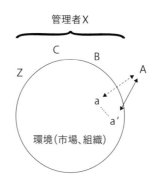

図４-３　管理対象と環境の変化

出所：筆者作成

管理者の能力の限界から管理の幅は必然的に制限される。

　間接的管理は、管理対象を部分的管理、またはシステム化することによりその管理の幅を拡大することができる。つまり、今日のような組織の大規模化に適した管理方法である。図4-4を見ると、管理者Xは管理者xとx'を置くことにより管理の幅を拡大することができる。つまり、管理者が下位の管理者を管理することにより、そのシステムは階層的になっていくのである。図4-4は、階層になる初期段階を表したものである。

　しかし、このように階層をつくればつくるほど、上位管理者は下位システムの行為における不明瞭な事柄が幾何学的に増加し、把握することが困難になる。仮に、マニュアル等厳格な作業様式を設定したならば、求める結果に対する手順を把握することは可能かもしれないが、そこに付随する求めなかった結果に対する諸影響を把握することは不可能である。もっというと、人間関係等を加味した階層をつくればつくるほど、不確実で不明瞭になるのである。すなわち、行為を管理するためには、部分的行為に焦点を当てざるを得ないのである。

　会社を意味するcompanyの語源は、com（共に）、panis（パンを食べる）であり、まさしく"同じ釜の飯を食う"ということである。同じ釜で同じ物を食べるということは、面と向かうことであり、顔がわかる範囲である。それがそ

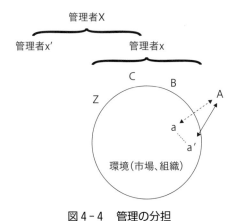

**図4-4　管理の分担**

出所：筆者作成

もそもの仲間であり、会社そのものであった。今日のように拡大した会社では、顔と名前も一致しない場合も多く、同じ会社であっても一生のうちに一度も会わないこともある。確かに環境の複雑性に対処するためには、組織の拡大、複雑なシステム化は必要かもしれない。しかし、そこには、より非人格的な管理が要求される。バーナードがいうように、協働体系には非人格化された諸力が必要であるが、その諸力を引き出すには人格に対する働きかけが必要である。結局、管理の対象は、人間そのものなのである。

# 5 ── おわりに

　人には能力に限界があり、物事を合理的に考えようとしても、限定的な合理性を追求することしかできない。その結果に対して、満足をするという自己基準に準拠するほかないのである。限定的な合理性を突破し、合理的な手段の採用、目的達成をするため、人は組織化を行う。一般的に、組織化を行うことによって、量的にも質的にも認識能力は向上すると考えられている。その一方で、多種多様な人が組織として集結することにより、管理という職能の重要度が増し、管理をするという問題が発生する。協働体系として人を管理することになるが、その際、バーナードの用語では「協働に適さない人」、テイラーの用語では「第一級労働者」以外の者がいる。これらに対処することも管理者の役割であるが、能力の限界があることを加味すると、一体どこまで徹底できるかは疑問である。

　ファヨールによると、管理と経営とは明確に分けられている。ファヨールが挙げた6つの職能のうち、管理的職能は明らかにその性格を異にする。他の職能がモノを対象とするのに対し、管理的職能はヒトを対象とするのである。モノは基本的にヒトにより扱われるため、管理的職能は上位職能である。さらに、これら6つの職能がうまく機能するために、経営があるのである。経営は「gouverner」であり、統治をするという意味がありながらも、方向を指し示す、舵を切る等の意味も含む。すなわち、対外的な視点を含むのである。管理が、組織内部の定型的な業務を中心とするのに対し、経営は、組織外部を射程に入

れた非定型的な想定外の業務を含むことが多々あるのである。

　組織においては、その行動により求めた結果とそれに付随する求めなかった結果が発生する。この求めなかった結果が些細なものであるならば問題はないが、大きな問題となる場合は、そこに大きな資源を割くことになる。管理者は、これらの問題をも対処することになる。無論、求めなかった結果が組織にとって良い効用を生む場合は、問題になることは少ない。管理という目的に対しても、管理対象である人が増加すればするほど、間接的管理をせざるを得なくなる。この間接的管理は、結局のところ部分的管理を意味する。また、一人の管理者が被管理者を個別に管理する場合、管理の幅、関心の幅という限界により制限がかかる。被管理者との関係性も加味すると、その管理可能範囲は格段に狭まるのである。つまり、管理という求めた結果の範疇に部分的に収めなければ、組織化は困難である。それよりも問題は、これとはまた別に求めなかった結果が発生することである。したがって、管理者がいかに個人の能力を向上させても、システム化しても結局は不完全または部分的にしか管理できないのである。

　今日、管理者（経営者）には、管理する組織のすべての責任があるような論調がある。もちろん、管理者はその組織のトップであり、管理者が責任を取ることはごく自然と思われる。しかし、上述の通り管理者が、組織のすべてを把握することは困難であり、たとえ情報把握をシステム化したとしても困難である。それであっても、管理者は責任を負わなければならない。もちろん、責任に対する報酬をもらっているという議論はあると思うが、それは本質ではない。求めなかった結果が、年々大きくなっている以上、管理者はそれを把握できる範囲に収めることが必要である。つまり、管理者責任論を厳格に考える限り、今日の組織規模は管理者の能力を超えており、大きすぎるのである。このような議論になると、必然的に企業縮小論になってしまうが、これは今日の状況を考慮すると困難である。

　今後、管理者責任と企業規模、企業内構造の3つをキーワードとして、「責任－規模－構造」の関係メカニズムの研究を深化させる必要がある。規模の拡大と構造の複雑化が進行する一方で、責任も拡大しているが、その責任を負う人間の能力は、基本的には同じままである。法人を法の人として人格を持たせ、

その金銭的責任を法人に持たせることは可能である。しかし、それ以外の帰属先はやはり管理者である。この歪な関係を今後、どのように整理し、理解するかという研究が必要である。

## 【注】

* 1　強調は筆者による。
* 2　ただしこの場合、組織のシナジー効果などは脇に置かれてしまう。ここでは、分析的便宜性を加味して、端的に協働体系と個人を考察する。
* 3　強調は筆者による。

## 【引用・参考文献】

1）Fayol, J. H.（1916）*Administration industrielle et générale,* Paris: Bulletin de la Société de l'Industrie Minérale, pp. 1‐5.〈佐々木恒男訳（1972）『産業ならびに一般の管理』未来社、17-22ページ。〉
2）Barnard, C. I.（1938）*The Functions of the Executive Thirtieth Anniversary Edition,* Cambridge: Harvard University Press, p. 74.〈山本安次郎、田杉競、飯野春樹訳（1968）『新訳 経営者の役割』ダイヤモンド社、76ページ。〉
3）前掲書2）p. 65.〈67ページ。〉
4）前掲書2）p. 13.〈13ページ。〉
5）前掲書2）pp. 27-32.〈28-33ページ。〉
6）前掲書2）pp. 83-91.〈86-95ページ。〉
7）前掲書2）p. 88.〈91ページ。〉
8）前掲書2）p. 14.〈14ページ。〉
9）前掲書2）pp. 139-160.〈145-167ページ。〉
10）Barnard, C. I.（1969）*Organization and Management,* Cambridge: Harvard University Press, pp. 111-133.〈飯野春樹監訳、日本バーナード協会訳（1990）『組織と管理』文眞堂、112-135ページ。〉
11）前掲書2）pp. 149-153.〈155-159ページ。〉
12）三戸公（2009）「日本の経営学、その過去と現在そして―新しい方向の模索―」『中京経営研究』19（1）、79-98ページ。
13）前掲書12）79-98ページ。
14）北野利信（1981）『経営組織の設計（増補版）』森山書店、14-15ページ。
15）前掲書14）15ページ。
16）前掲書1）p. 5.〈22ページ。〉
17）前掲書1）p. 5.〈22ページ。〉
18）前掲書2）pp. 114-123.〈119-130ページ。〉
19）前掲書2）p. 88.〈91ページ。〉

20) 前掲書 1 ) p. 21.〈41ページ。〉
21) 前掲書 1 ) p. 10.〈21ページ。〉
22) Simon, H. A.（1997）*Administrative Behavior: A Study of Decision Making Processes in Administrative Organizations,* USA: The Free Press, pp. 118-120.〈二村敏子、桑田耕太郎、高尾義明、西脇暢子、高柳美香訳（2009）『新版 経営行動―経営組織における意思決定過程の研究―』ダイヤモンド社、184-187ページ。〉
23) 前掲書22) pp. 76-82, 118-120.〈118-119、184-187ページ。〉
24) 前掲書22) p. 87.〈135ページ。〉
25) 前掲書22) pp. 118-120.〈184-187ページ。〉
26) 前掲書22) p. 119.〈185ページ。〉
27) 前掲書22) pp. 118-120.〈184-187ページ。〉
28) 前掲書 2 ) pp. 17-19.〈18-22ページ。〉
29) 前掲書 2 ) p. 19.〈19-20ページ。〉
30) 前掲書 2 ) pp. 19-21.〈20-21ページ。〉
31) 前掲書 2 ) pp. 19-20.〈20ページ。〉
32) 前掲書 2 ) pp. 56-57.〈58-59ページ。〉
33) 前掲書 2 ) pp. 56-57.〈58-59ページ。〉
34) 前掲書 2 ) pp. 57-58.〈60ページ。〉
35) 前掲書 2 ) p. 88.〈91ページ。〉
36) Graicunas, V. A.（1937）"Relationship in Organization" Gulick L., Urwick. L. F. eds., *Papers on the Science of Administration,* Institute of Public Administration, p. 183.
37) Urwick, L. F.（1938）*Scientific Principles and Organization,* Institute of Management Series（19）, NY: American Management Association, p. 8 .

# 第**5**章
# 経営学者による鼎談

**鼎談目的**

　今日、経営学は社会科学の中でも中心的な学問になりつつある。それは、経営学が私たちの生活に密接に関わっていることと、マネジメントの概念が一般的に広く使われていることと密接に関わりがあると思われる。しかし、経営学が拡大志向にある一方で、必ずしも同一の概念形成ができていないように思われる。そこで、本鼎談では、比較的自由に経営学について議論をする。

　研究者同士でも概念理解が多少異なる経営学は、幅が広い学問である。それは、どちらか一方が正解で、他方が間違っているのではなく、見る方向によって異なるのである。つまり、経営現象という対象は同一であっても、視点、場所、さらにいうと文化、風習により、結論が異なることが多々ある。その点を再度確認する。

**鼎談内容**

　1）それぞれの研究領域と現在取り組んでいるテーマについて
　2）学問としての経営学と今日の流れについて
　3）人と組織との関係について
　4）組織の境について
　5）今後の経営学について

**鼎談参加者**（所属については2022（令和4）年現在）

　土屋翔（宇都宮大学基盤教育センター　特任講師：本鼎談司会進行）
　　専門：経営組織論、農業経営、地域活性化

　カンデル・ビシュワ・ラズ（名古屋外国語大学世界共生学部世界共生学科　教授）
　　専門：南アジアの地域研究、インド財閥の経営構造

　明山健師（嘉悦大学経営経済学部　准教授）
　　専門：EUにおけるコーポレート・ガバナンス、EUの企業経営

**土屋**：本日はお忙しい中、お集まりいただきありがとうございます。今日は経営学者による鼎談ということで、進行させていただきます。早速ですが、自己紹介も兼ねて現在取り組んでいる研究テーマをお教えいただけますでしょうか。

## 1）それぞれの研究領域と現在取り組んでいるテーマについて

**カンデル**：名古屋外国語大学のカンデルと申します。私は長年、南アジア財閥の経営について研究をしています。日本では、経営学の視点から南アジアを研究している人はほとんどいませんが、昨今SDGsに関する企業の動きが盛んであるため、研究対象としています。特に、インドは海外進出の事例が多く、業務提携等の際に、SDGs、CSRがどのように活用されているかについて考察しています。SDGs、CSRは宣伝なのか、本質的な活動なのかに興味があります。記事、論文、年次報告書を見ているとSDGs、CSRに関する活動は素晴らしい。しかし、それは本当なのかという疑問があります。2013年の会社法改正でインドではCSRの規定が盛り込まれました。これにより多くの企業の SDGs、CSRに対する関心が高まっています。また、新しく設立されている財閥、グループ企業も研究の範疇です。

**明山**：嘉悦大学の明山と申します。私の研究はEUにおけるコーポレート・ガバナンスです。EU加盟国は、当初27カ国で、その後28カ国を経て、27カ国に戻りました。EUでは、欧州会社という統一の会社制度ができ、私はこの会社に関する研究をしてきました。近年では、EUにおけるコーポレート・ガバナンスから非営利法人におけるコーポレート・ガバナンスへ移行して研究をしています。昨今、非営利企業の不祥事が多発しており、営利企業へのガバナンスが非営利企業にももっと必要ではないかと思っています。解決策としては、利害関係者が経営に関与する仕組みを構築する必要があると思います。最近では、Web 3 に関するガバナンスにも興味があります。

**土屋**：お二方ありがとうございます。私の自己紹介もここで。宇都宮大学の土屋と申します。専門は経営学の中でも組織論を主に研究しています。研究対象者を挙げるとバーナード、サイモン、最近ではルーマンが研究の中心です。また、最近は組織境界をテーマとして研究しています。実践では、経営学の視点から農村、

地域がどのように発展するか、その仕組みづくりにも興味があります。さて、各先生から現在取り組んでいる研究についてご説明がありましたが、私たちに共通する根本はやはり経営学であると思います。その細部で、ガバナンスであったり、組織形成であったり、多様な分野があります。そこで次に、改めて、「経営学とは何か」について議論したいと思います。

## 2）学問としての経営学と今日の流れについて

**土屋**：今日、「経営学」ないし「マネジメント」は大変便宜的な用語として使用されていると思います。これはある意味で、経営学がより一般的になってきていることの表れだと思いますが、うれしい反面複雑な気持ちでもあります。私が学生のとき、「経営学を勉強しています」というと経済学と間違えられたり、「社長さんになるのね」といわれたりしました。前者は認知の問題ですが、後者は「経営学＝社長学」のようなイメージがついているということです。おそらく、一般的に経営学は利益最大化の学問だと思われています。もちろん、その一側面もあるかもしれません。しかし、一側面は部分であり、全体にはなり得ないと考えています。先生方はどうお考えでしょうか。

**明山**：私は経営学を、「会社を全社的に管理していくこと」と定義しています。管理は管理者（経営者）が自ら意図する方向性、ビジョン、目的に向けて近づける諸活動です。端的にいうと、会社がどの方向に向かっていこうとするか、どうすればその方向に向かっていけるかを考える学問だと思います。

**カンデル**：明山先生のおっしゃるように管理することでもあると思います。私は、そもそも経営学の従来の考え方が変わってきていると感じています。これは、経営学がどのように変化するべきかではなく、ただ単純に経営学の主体である企業を「営利追求する主体」と考えた方がいいと考えています。利益を出すためには、良いものに付加価値をつけて高価格で売る、これでいいと思います。今日の経営学は、時代の流れとともにあらゆるものを盛り込んでしまいました。もう一度、経営学の根本である管理、商活動にとどめる必要があると思います。

土屋：面白い視点ですね。今の点で、明山先生とカンデル先生はほぼ同様で、根本の経営学、本質的な箇所から出発していると思います。近代経営学がどこから始まったかは、何を焦点とするかで多少の議論があると思いますが、経営学を概念的に整理し展開した大家は、ファヨールではないでしょうか。彼は職能としての経営活動を6つに分け、その中でも管理活動を最重要視しました。基本的には、組織内部をどのように調整し機能させるかですね。確かに経営学の重要な基盤の一つであると思います。その一方で、具体的にはSDGsやCSRなど、管理だけではだめだという社会的要請、経営に対する目が今日厳しくなっています。そこに関して、経営学がどう答えていくかということについて、カンデル先生はどう思われますか。もちろん、儲けることはいいと思いますが、それだけでは許されない風潮があるのも事実かと思います。

カンデル：私は、企業は社会全体の一員として役割を担うべきだと思います。なので、企業は儲けることが大前提。それが役割だと思います。企業が他の役割も担うということに限界があるのではないでしょうか。SDGsをやれ、従業員に高い給料を払え、社会貢献しろ、企業がそれをすべて成し遂げることができるのか。ここには疑問があります。役割分担した方が効率的に目的を達成できると思います。経営学、企業の目的は一つに絞って遂行する方が効果的です。

土屋：確かに、一理ありますね。現代の企業は多様な責任を負うことが必然となっています。個人に限界があるように、企業にも限界があります。企業、組織は万能でないことは確かだと思います。明山先生はいかがでしょうか。

明山：私はやはり管理だと思っています。例えば、社会貢献として倫理的に会社を運営するとしても、会社を運営する以上、管理は管理です。経営者が会社をどう管理するかという根本は、普遍的なことだと思います。儲けるか社会貢献か、どの程度の比重がいいかという議論も確かにあります。それはリソースをどちらに割くかという問題でしかないので、結局はどう管理するかという根本は一緒であると考えます。

土屋：明山先生の論は、元々、企業経営に倫理的な側面が含有されているかという

一元論かと思います。確かに、二元論のように、利益追求と倫理的なものが分離している、または相反するということはおかしいのかもしれません。

**カンデル**：根本は一緒で普遍ですね。この経営学自体が日本の経営学なのか、欧米なのかによって変わってくると思います。社会風土によっても違う。日本ではお金儲けは汚いという意識がある。お金儲けは社会を豊かにすることもあり、すべてを悪とするのはおかしい。脱却する必要があると思います。

**土屋**：カンデル先生がご指摘なさった通り、日本ではお金儲けは汚いというイメージがあります。今、おっしゃられて、ハッとしました。日本にいるとそれが当たり前になってしまいます。日本では、「皆平等」という意識が強いと思います。よく「出る杭は打たれる」ともいいます。このようなことが教育制度からきているのか、何からきているのかはわかりません。ただ、このようなことが経営学に対する考え方の一要因となり得ていることは大変興味深いですね。つまり、文化、慣習の影響を受けると。明山先生はどう思われますか。

**明山**：金儲け論をすべて否定するのは違うと思います。どこからが良い儲けで、どこからが悪い儲けでしょうか。儲けるのがすべて悪いのであるならば、企業化する必要はないと思います。

**土屋**：今、いいお話をいただいて、そこを展開しようと思っていたのですが、ドイツの第一次方法論争の話です。国民経済学から私経済学として独立をする際に、金儲け論なのか、技術論なのか、という議論があって、先ほどの議論は金儲け論に関することだと思います。100年前の議論が今日でもされるという面白い現象が起きています。つまり、金儲けというか利益というものは、基本的に企業と一緒にそこにあって、それは時代によって評価が変動するのかもしれません。と仮定すると、時代によって評価が変動することに、あまり本質的なものはないのかもしれません。つまり、結果としての利益がどう評価されるかは時代にかかっており、その結果を生み出した過程をどのように評価するのかという根本的問題があると思います。社会貢献の結果、利益を否定することはあり得ないと私も思います。それは会社制度の否定です。そこで先ほどの明山先生のお話でいうと、管理の結果、

利益が生まれているという認識でよいでしょうか。管理は手段なので目的ではないと思います。管理の向こう側には何があると思いますか。

**明山**：管理は組織の目標を達成するために行うので、組織それぞれがどの目標を設定するかによって変わってくると思います。非営利組織でもボランティア団体でもいろんな組織に経営学が使えると思います。つまり、組織に合わせた管理の方法です。そもそも、組織は何らかの目的を達成するために存在します。そして、組織により多様な目的があり、それを達成するために管理があります。

**土屋**：これは、先ほどのカンデル先生のお話で、時代背景の影響も受けると思います。物がないときは大量生産や効率化などが求められ、それに伴い金儲け論という批判も出ました。ドイツでの方法論争と一緒です。やはり、そのときの印象がまだ色濃く残っている印象があります。

**明山**：金儲け論に関して日本でこんな批判が出るのは、経営学が展開される際、経済学からの批判をはねのけるために、金儲け論ではないと主張したところにあると思います。経済学からすると経済現象はすべて経済学で説明できるという立場がある。それを大学で経済学とは別に教えるというところに金儲け論という批判がある。経済学のスタンスは、経済学があればどの学問も成り立つということがあると思います。

**カンデル**：経済学でも大きな視点から、運用するとか配分するとか、コストよくやることが求められる。これは管理だと思います。農業も経営学の視点が必要です。結局、経営学を入れないと運営はできない。経済は指標、実行として経営の考え方は必要だと思います。

**土屋**：ドイツ経営学でも議論を経て、戦後のアメリカ経営学に近いというよりは統合をしているように思えます。理論と実践の乖離はこれまでありましたが、現実社会ではこれらは分離していません。そもそも、現実社会にとってこのように区分されるのはナンセンスかもしれません。以前のアメリカ経営学のように、経営学は実践としてどのように生かされるかが大きな要素だと思われます。この理解

でよろしいでしょうか。

**カンデル：**アメリカは、発信力があると思います。英語が主言語というのも強い。

**土屋：**ありがとうございます。今、便宜的にドイツ経営学、アメリカ経営学という名称を使用していますが、国別の特色のある経営学は今日、薄れていると思います。もちろん、文化や風習に即した側面もあります。ただし、大きな枠組みでマネジメントとして統一されている感じがします。明山先生はどう思われますか。

**明山：**アメリカ経営学は能率の増進など、そこから出発して、組織全般の学問になったと思います。ドイツ経営学は会計ベースであったり、経済学からの派生であったりなどありますが、今経営学を研究していてその区別は感じません。

**土屋：**日本では経営学といいます。訳し方の問題もあると思いますが、アメリカではアドミニストレーションということもあります。マネジメントとの違いは何でしょうか。

**明山：**今日のマネジメントはドラッカーが発明したものです。私の研究領域の場合、ビジネス・アドミニストレーションということが多いです。

**土屋：**ドラッカーは、日本の実業界ですごく人気があります。おそらく、日本の精神性と合う箇所が多いところもあるかと思いますが、著書の中で日本を褒めている箇所が多々あったことも大きな要因だと思います。「社会の公器」としての企業は、ある意味で「近江商人の三方よし」に近い考え方だと思います。しかし、これを一緒くた、トータル的なマネジメントにしてしまうとその内部の要素が見えづらくなってしまいます。現実では、三方よしがうまくいけばそれでいいのですが、研究対象としては、「一方」のメカニズムを詳細に研究する必要があります。

**カンデル：**実際には、便宜的に使っている印象があります。用語が違うからといって、内容がそこまで違うことはないといえます。研究者は新しい語句を使う傾向もあると思います。研究上の区分と実践とも違います。

**土屋**：用語によってそこまで定義していないのが現実でしょうか。経営学の定義は
おおよそほぼ同一だと思います。定義に使う用語に多少の違いはありますが。そ
ういう意味で最小公約数的な感じで使われ、大きな流れでは同様かと思います。
研究上と実践上の違いもあると思いますが、各国の経営においてその相違を生み
出す要因は何だと思いますか。

**明山**：歴史、文化、慣習だと思います。

**土屋**：先ほどの話の通り、日本では金儲けは悪という風潮があったと思います。ア
メリカでは違うと思います。価値観も違います。

**明山**：学問は社会的背景からどのように方向付けられるかによって変わってくると
思います。なので、経営として良いとされる形は変わってくる。制度は国によっ
て異なるので、その制度の上に実質的なものが乗ってくると、やはり歴史、文化、
慣習が大きな要因だと思います。

**土屋**：ありがとうございます。各国の歴史、文化、慣習がそれぞれの学問を形成し、
ここでは経営学ですが、それぞれに個性というか独自性があると思います。その
点でいうと、EUの統一的なシステム構築は逆行していると思います。この点はい
かがでしょうか。

**明山**：EUの良いところは、統合する過程で各国の制度をしっかりと尊重していると
ころです。各国の制度を精査して、段階的に選択制を設けて最小公約数的な要素
で統一化を達成しています。これをもとに各国が調理をしている。制度は、方向
性を指し示していて、そこに実践が乗ってきます。

**土屋**：ベクトルを決めて、実践は各国に裁量が認められているのですね。

**カンデル**：各国が従わない場合もあると思います。その場合はどうするのでしょうか。
他にも経済格差が激しいことなどもあると思います。

**明山**：EUは、お願いはできても強制はできない、ここが難しいところです。統一の憲法をつくらないと無理ですね。つくろうとしましたが、無理でした。結局は局所的に人が集まり、格差が広がる可能性はあると思います。EUはお金があるところからお金を集め、分配することが一つの目的です。イギリスは反対していました。

**土屋**：どこか社会主義的な感じですね。そこまで、平等を追求する必要性はありますか。資本主義が行きすぎた結果でしょうか。

**明山**：そもそもEUは国家間の無用な競争を起こさないために設立されました。国家間では社会主義的な援助はありますが、EU市民はどこにでも行けるので市場はフェアだと思います。機会損失はないと思います。

**土屋**：EUは、EUとして市場で勝つことを目的にしている側面もあると思います。商業的に規格をつくるなど、商業的目的が大きいのでしょうか。数の論理で勝つということが大きいと思います。

**明山**：元々は戦争を起こさないためです。戦争は土地とお金を取り合うことが多いですから。

**カンデル**：基本的には、戦争を起こさないためですね。経済協力協定は戦争を背景にしていると思います。宗教、民族戦争は一回始まると終わらない。領土問題もそうです。

**土屋**：経営学から多様な議論に展開され、とても面白い議論になりました。当初、経営学は管理する主体と管理される対象の学問、もっというと前者に対する側面が大きかったと思います。その後、時代とともに、企業に求められる役割が増えてきました。そして今日、社会が組織社会として、組織が主体となって構成されています。そのため、組織に対する要求が大きくなっていったと思います。つまり、それを研究対象とする経営学も必然と拡大せざるを得なくなりました。実態を捉えるためには仕方のないことだと思います。その反面、研究分野としては細分化しました。そして、それらを統一してマネジメント全体として考えると壮大になっ

てしまいます。

## 3）人と組織との関係について

**土屋**：次の展開にいきたいと思います。人と組織との関係についてです。先ほどの管理の話では、管理する側と管理される側があると思います。端的に経営学は管理する側、すなわち管理者、経営者の学問と考えてよろしいでしょうか。

**明山**：経営者が管理をする、その現象を捉えたものが経営学だと思います。

**カンデル**：私も、管理者の学問だと思います。時代の背景によって考え方はさまざまですが、労働者は労働時間を売っています。基本的には所有者とされる株主が会社を管理、運営する必要があると思います。しかし、現実的には分散してしまって、専門経営者にお願いしています。管理は、本質的には株主がやるべき問題だと思います。

**土屋**：今のお話をうかがって思ったのが、人数が少なければ経営者は管理ができると思います。しかし、従業員が増え、さらに国際的に展開をしている場合、管理は困難だと思いますがいかがでしょうか。

**明山**：管理できるシステムをつくり、動かしているのが経営者だと思います。実質的な中間管理としてやっているプレーヤーは、経営しているわけではない。経営者がそのシステムをつくるのだと思います。

**カンデル**：明山先生と一緒です。専門的な経営者として、長年の経験などを駆使して管理することが求められると思います。最終的に誰のためにやるのかというと、やはり株主だと思います。これが大前提になっていないことが、経営学の問題です。

**土屋**：先ほどのお話ですよね。環境配慮、地域住民のため、は本質的に企業の目的ではないということですね。経営者に焦点が当たったのでお聞きしたいのですが、経営者に必要な資質はあるのでしょうか。

**明山：**自分より能力が高い人を近くに置くことが必要な資質になると思います。経営者は経営陣全体を指すと思います。全知全能である必要はなく、適切なメンバーを集めることができ、かつ生かせるかが重要だと思います。あとはブレない人。これは重要だと思います。

**土屋：**創成期のソニーやホンダみたいですね。

**カンデル：**経営者に必要な要素は意思決定ができることだと思います。昨今、みんながリーダー像のレベルを上げすぎている。スーパーマンみたいなリーダーは現実的には無理で妄想です。何かの謝罪会見等でもすべて経営者が責任を負っており、すべてに関して答えようとしています。それはおかしいと思います。現実的に分担し、上に上がってきた内容に関して意思決定をすることが必要だと思います。

**土屋：**カンデル先生のお話だとアメリカ的な明確な役割分担であり、日本は違うかと思います。日本ではオーバーラップすることが多々あります。南アジアでもそうでしょうか。

**カンデル：**日本では「報告・連絡・相談」といわれるように、随時報告する文化があると思います。南アジアはアメリカのような個人主義ではないですが、ある程度自由に行って最終的に結果を求める傾向があると思います。日本の良い点はみんなで話し合ってリスク分散するところですが、時間はかかります。どちらを優先するかで変わってくると思います。

**土屋：**アメリカのような明確な役割分担は、日本に馴染むのでしょうか。遅いといわれる日本的意思決定の改善のためにも、仕組を考えた方がよいと思います。

**明山：**実際には、役割をきっちり分けているところが増えていると思います。0か100ではなく、企業によって最適と思われる判断の仕方に変化する傾向があり、どこでバランスを取るかだと思います。

**土屋**：日本は中小企業が多いと思います。外部から人材を持ってくるという議論は、大企業のものだと思います。ファミリー企業で意思決定を行っていることが多いとなると、理論上での理想論と、実践としての問題という乖離が起きると思います。中小企業の多くは、数でいうとやはり経営者の独断で物事を進める傾向があります。その際、一人で管理を行うことが多々あり、そこにハード的・ソフト的な問題を問わず経営的問題が発生することが多いです。そういう意味でいうと経営学でいわれるような、良いと思われる構造的・制度的なものを中小企業に適応させるのは困難なことが多く、つまるところ、経営者の責任となると思います。「中小企業＝ファミリー企業」というつもりはありませんが、零細企業も含めて、中小企業にはファミリー企業が多いと思います。

**カンデル**：世界で一番成功しているのは、ファミリー企業だと思います。それは愛着によるものかどうかはわかりませんが、いち早く意思決定し市場に出すのはファミリー企業の方がメリットがあります。しかし、ファミリー企業は分裂する危険性もあります。

**土屋**：今手元に統計資料がないので感覚で申し上げます。ファミリー企業の定義は多々あると思いますが、株式を公開していない企業が多いイメージがあります。ファミリー企業のガバナンスはどのようになっているのでしょうか。ファミリー企業を対象にしたものはあるのでしょうか。

**明山**：そういう研究をしている方はいますが、いずれにせよ、社外取締役を入れるということに法律上ではなっています。

**土屋**：社外取締役は株主総会で任命されますが、第三者を任命することができるのでしょうか。

**明山**：自分たちで選ぶことはできます。国のルールで自分たちとは関係ない人を選ぶことになっています。

**土屋**：それは徹底されているのでしょうか。

明山：徹底はされています。ルールで決まっているので。

土屋：形式的ですね。

明山：金銭的な問題は、ファミリー企業では起きにくいです。株主総会で問題にされないからです。

土屋：それは表面化されないだけであって、一般的には色々問題があるのではないでしょうか。

明山：株主にとって不利益だから不正は許されないのであって、株主総会で通っているものは基本的に法律に反しない限り認可されています。

カンデル：表現が悪いかもしれませんが、独裁政権と一緒だと思います。全部悪いかといわれたら違う。社会のためになることもあります。ただし、倫理が必要です。ファミリー企業は、基本的にガバナンスは効かない構造です。経営者が高い倫理を持てるかどうか、そこに大きな問題があると思います。ただ、民主主義的に経営を行うと意思決定に時間がかかります。

土屋：ハード面とソフト面の双方向から、どのようにガバナンスをするかという視点が必要ですね。しかし、結局は経営者の倫理観に行き着くと思いますがいかがでしょうか。

明山：そうですね。制度や基準がなければ良い悪いもわからないと思います。両方必要ですね。ファミリービジネスは専制君主だと思います。自身の国を強くすることを考えるから強いといえます。人から選ばれた経営者は共和制になり、みんなで選んでいるから権力は集中します。どちらも権力は集中しますが、根本は違います。株主のためにやるか自分のためにやるか。自分の組織のためになるなら社会貢献をする。共和制だと株価を気にするから社会のためにという論理が働くと思います。選択肢としてやるしかないと思います。

**土屋**：私もそう思います。それこそコンティンジェンシー問題だと思います。仮に、会社を自分のためにやる場合と株主のためにやる場合、後者は「他人＝株主」です。どちらに自身のリソースを割いて本気でやるかというと、やはり前者が中心だと思います。社会から批判を受ける可能性がなければ、CSRをやる可能性は低いと思います。もちろん、これは段階的で、自身の基盤ができたうえでの社会貢献は大いに行う必要があると思います。議論の便宜上、二分する展開ではありましたが、本質的には共存する関係だと思います。

**カンデル**：CSRは国がやることだと思います。アメリカの宗教的な背景もあると思います。例えば、松下幸之助の水道哲学。安価で良いものを生産しましょうという考え方ですね。経営者が高い道徳感を持っていれば、制度はそこまで厳しくしなくてもいいと思います。

**土屋**：自動車産業の「植林をしました」というのには少し違和感がありますね。自動車は大好きですが、自動車を製造する過程で大量の二酸化炭素が出ます。植林をしたからといって許されるわけではありません。ただし、やらないよりはやった方がいいと思います。経営者の倫理観とともに、周りも大人になって悪いことは悪いと批判しなければ、健全な経営はないと思います。企業単体の制度というよりは、社会全体で見る必要、牽制が必要だと思います。

**カンデル**：地域が企業を監査するのは難しいと思います。多くの人は興味がありません。繰り返しになりますが、企業は良いものを出せばいい。問題があったら淘汰されればいい。この繰り返しだと思います。日本は100円でも補償しろという傾向がありますが、安くて良いものというのは矛盾していると思います。南アジアでは、安ければそれなりの品質です。世界で戦うには、日本だけその意識を持っても意味がないと思います。

**土屋**：日本のガラパゴス化ですね。携帯電話の機能を各社が競って、余分な機能を付けてしまったことがありましたね。世間や世界はそこまで求めていないにもかかわらずです。元々、日本市場だけでも売上があったことも影響しているかもしれません。今後は、日本市場は縮小していきます。その際に、日本がどのような

戦略で世界展開を本格的に行っていくかが鍵になるかと思います。

**カンデル：** 日本はどうしたいのか見えてきません。たくさんものをつくりたいのでしょうか。豊かな生活を求めるなら環境破壊は必然に伴うと思います。世界の中で日本はどうしたいのでしょうか。

**明山：** 日本はグローバル市場で戦わないと、イノベーションは発生しないと思います。内向きだけではなく、外向きも必要です。ブロック経済をやってもしかたがないと思います。

**土屋：** 国内企業は人材を国内で調達しています。今後を考えた場合、国外からの調達をはじめとして、労働市場も変えないとイノベーションは難しいかもしれません。

**明山：** 政策がおかしいと思います。知的労働者以外も入れないと日本の持続的発展はありません。人口が減っていくので外部からの取り入れは必然的に必要になります。こういったことができない企業は淘汰されていくと思います。

**土屋：** 安い労働力が来ると日本人の賃金が下がり、食べていけなくなるのではないでしょうか。

**明山：** それは勘違いだと思います。勉強しない日本人が食べていけなくなるだけです。

**カンデル：** 日本は政策ブレすぎだと思います。外国人労働者や留学生をどう受け入れるのか。業界で区切っていることがおかしいです。ちぐはぐしていて、国際社会から見ても遅れています。人材はすべての業界に必要で、介護事業だけではありません。国際社会で活躍するには緩和するしかなく、今制度をつくらないと手遅れです。日本の文化、慣習がわかる留学生がいますよね。なぜその留学生を雇わないのですか。特定技能で来ても効果は低いと思います。日本には、こんなに中小企業があって良いものがあります。熟練は長年の経験によるものです。今そ

の技術が後継者不足によってなくなりそうです。その部分に外国人を活用していくということで良いのではないでしょうか。

**明山**：それをかっこいいと思われているうちに手を打つしかありませんね。

**カンデル**：日本人の労働を守るために人を入れない。しかし、人は足りていません。

**明山**：まずい状況をつくらないと日本人は頑張らないと思います。

**カンデル**：日本は格差が少ない。アメリカを見れば平等な社会はないと思います。倫理的にはなくすべきですが、現実的には困難だと思います。学歴差別はなぜあるのでしょうか。競争がなければだめです。日本のサラリーマンは、銀座に行って寿司を食べることができますよね。海外では格差がありすぎてニューヨークで食事をしたくてもできない人が多い。きれいごとで平等とはいいますが、現実社会ではありえないと思います。

**明山**：経済格差は仕方がないと思いますが、教育の機会などの機会平等はつくる必要があります。チャンスは国がつくる必要があると思います。経済的に恵まれていなくても勉強を頑張れば、奨学金が出るなど。

**カンデル**：ひとり親が増えていますね。離婚率が増えるのは、自立できる人が増えているからという側面があると思います。このような人たちに対して、儲けている企業が奨学金を出すべきだと思います。日本の企業は冷たい。木を植えるより学生に対してしっかりやるべきです。大学でも研究、教育環境が悪くなっています。ノーベル賞を取った日本人もほとんど海外に行ってしまう。日本はどうしたいのでしょうか。

**土屋**：ありがとうございます。経営から政策提言、日本の現状まで話が展開し、とても興味深いです。部分最適的には、ある程度の政策や修正などが行われていると思います。それを、システム論的につなげていくと、矛盾というか辻褄が合わなくなると思います。全体で良くしていくには、より広い視野が必要ですね。そ

れこそ、全体を経営するといった感じに。もう一度経営の話に戻します。

**明山**：CSRについて、社会貢献が企業として得になる制度にしないと積極的にならないと思います。インターンなどもただの労働力になっているので、もっと社会へ還元することも視野に入れる必要があると思います。

**土屋**：例えば、法人税減税など、企業にメリットがあるようにしなければならないですね。

**カンデル**：内部留保する必要はないと思います。留学生に対して日本はお金を出しますが、卒業後多くの留学生は帰国します。もったいないですし、おかしいです。日本のために働いてもらえばいいと思います。例えば、ネパールの留学生はアメリカ、イギリスに行ってしまう。アメリカ、イギリスからすれば、できあがった人材をただで手に入れることができています。その点ではアメリカはうまい。資源を効率的に使うには、集中型インフラで良いのではないでしょうか。田舎は非効率になることは当たり前だと思います。

**明山**：日本は道路がきれいすぎです。ヨーロッパの道は轍が深いです。全部をきれいにする必要はないと思います。

**カンデル**：アメリカの道も汚いです。日本は道路に何も落ちていない前提ですが、海外は違います。良いか悪いかは別として、価値観がそもそも異なるのでそれを前提にする必要があると思います。

## 4）組織の境界について

**土屋**：ありがとうございます。次は組織の境界についてです。先ほど、実態としては、労働流動性が高まった方がいいという議論がありました。ある意味では、境を曖昧にするという感じだと思います。その一方で、組織の境界はどこにあるのかという疑問点が残ると思います。少し学問的側面から議論できればと思います。例えば、トヨタというと関連企業も多く、どこまでがトヨタかわかりづらくなって

います。しかし、ガバナンスも戦略、管理もその組織が前提として成り立っています。その組織に焦点を当てて議論したいと思います。明山先生、皮切りに何かございますか。

**明山：**組織は長期的・短期的に形成される場合があります。一概に線引きは困難だと思います。基本的には、目的のために組織化されるのでそこが大前提になると思います。その際、全体を指して組織といえると思います。

**カンデル：**私の考えも基本的には明山先生と同じです。自分の家のフェンスと一緒だと思います。ただ今の組織を考えると、境界をきっちりと決めると成長が困難になると思います。日本では、境界に関する意識が高いと感じます。部署などはあるがフラットな組織として柔軟に考えるべきです。

**土屋：**ありがとうございます。具体的に企業のメンバーと考えた場合、どこまでが入るのでしょうか。社員は比較的、理解しやすいのですが、外注であったり、派遣労働者であったり、今日は幅広い枠があると思います。これに関して、どのようにお考えでしょうか。

**明山：**会社法では、会社の持ち主は出資者すなわち株主としています。そうなると、出資者だけが対象になります。しかし、現実問題、株主だけのものと理解することは困難です。派遣の話でいうと、組織化されたものが組織だとすると、その組織に入った人間がメンバーになる。職能として貢献している場合にメンバーになると思います。

**土屋：**組織と組織化されるという 2 つの視点ですね。

**カンデル：**私の考えも明山先生と同じです。組織目標のために労働することが重要だと思います。

**土屋：**明山先生のお話だと、派遣社員は二重に組織に属していることになりますが、そういう理解でよろしいでしょうか。

**明山**：組織は一つではなく、組織の中に組織がある場合もあるし、組織同士が連携する場合もあります。二つの場合、重なる場合もある。組織の境界を見る際に、その組織にとっての境界を見ると思います。派遣として見た場合、派遣されている従業員は派遣会社に属しながら、もう一つの組織に派遣されている一員になると思います。受け入れている側から見れば、派遣社員も組織の一員になると思います。どちらの視点で見るかで変わってくるといえます。

**土屋**：職能に焦点を当てるとバーナードの理論に近いと思います。よくある議論ですが、諸力を提供する消費者は組織内に入るのでしょうか。

**明山**：消費者は特定できるかどうかが重要になると思います。特定できないものを認めてしまったら、組織は成り立たないと考えられます。例えば、大学の消費者は学生になりますが、これは組織の中で学ぶから少し特殊だと思います。消費者が一商品を買ったから組織内部になるというのは現実的ではないと思います。

**土屋**：そこに関してもう少し突っ込むと、顔がわかる消費者など、お得意様はどうなりますか。消費者の中でも程度の差があるということでしょうか。

**明山**：消費者は、あくまでも外部からしか関われないと思います。バーナードの理論とは違うかもしれませんが。

**土屋**：バーナードの理論も限界というよりは不完全な側面もあるのだと思います。諸力の体系、すなわち諸力を提供する対象は貢献者としました。これは何でも含まれることになってしまいます。確かに、当時は最先端の理論だったと思います。今日を見れば、利害関係者などを組織の一員のように考える必要性が出てきています。ただ、一般的に考えて、消費者を組織の一員と考えるのは不自然だと思います。

**カンデル**：確かに、そういった考え方もできると思います。しかし、より根本的に考えると、そこで労働していることが重要ではないかと思います。大学での非常勤講師は、学生にとっては非常勤であろうがなかろうが関係なく、その大学での

教員です。そこで、ある意味での権力が行使できるかどうかも焦点になります。

**土屋:** とても重要な視点だと思います。視点によって変わってくることが難点ですね。一つ決めると、こっちが範疇であっちは範疇外になり、もう一つを決めるとその逆になります。

**カンデル:** 組織の目的のためにやっているかどうかが、やはり重要な視点だと思います。

**明山:** 目的が共有できているかどうかも重要だと思います。目的が共有されていない消費者は範疇に入るわけがないと思います。

**カンデル:** 組織と消費者は別次元ですね。

**土屋:** 確かに、目的共有は重要な点だと思います。しかし、社員だからといって目的が共有されているとは限りません。目的共有という一次元で分けるというよりは、複数の次元があると思います。そこに関してはいかがでしょうか。

**明山:** それが協働ではないでしょうか。

**土屋:** ご指摘の通りだと思います。確かに、バーナードのいう組織は抽象的であり、抽象段階に持ってくると不具合が生じてしまうと思います。ある意味、理論ではすべてを説明しなければならない。しかし、組織から協働の移行の際に、無理が生じる。多くの人がバーナードの組織論を出発点としているのか、はたまた違うのか、そこがわかりません。その前提が揺らいでいると思います。

**明山:** 組織を難しく考えすぎだと思います。一つの組織はなく、複数の組織が連携、協力しています。それがまた一つの組織を生み出す場合もあります。長期的な組織は明確化が容易だと思います。短期的な組織とは違うので、これらを区分する必要があると思います。

土屋：先ほどの組織化していくという経過で判断していく必要があるのでしょうか。

明山：長期的な組織は枠組みが明確化しやすい。今の議論は、短期的に組まれていく組織だと思います。それはそれで、短期的な組織として認識すればいいと思います。

土屋：例えば、中條秀治先生は団体と組織との二重構造とし、団体の運営機能として組織があるとしています。大学でいうと団体メンバーは教員、職員、学生で、運営機能は教員、職員となるわけです。となると、学生はそこに入らないということになります。ただ、この問題は定義によると思います。

カンデル：それは、定義の問題だと思います。団体ともいえるし、組織ともいえる。目標のためにやるメンバーが組織ではないのでしょうか。組織を形成するのは、何らかの目標を達成するためです。

## 5）今後の経営学について

土屋：ありがとうございます。今回の鼎談を定義の問題として締めくくるのは面白いかもしれません。しかし、そこに本質があるのかもしれません。色々議論がありましたが、再度、今後経営学はどうあるべきで、どのような研究が盛んになるなど、ざっくばらんに議論できればと思います。

カンデル：高い道徳のある経営学、果たしてそれができるのかに興味があります。立証に近いかもしれません。技術論としては、目標達成、いいものをつくる。ここに焦点を当てています。ジャスト・イン・タイムのようなハード面とソフト面とでバランスのある経営学に興味があります。

明山：私は2つあります。1つはカンデル先生に近いです。ガバナンスの研究をしてきて思ったことが、経営者に対して厳しい態度をとる研究者は多いと思いますが、あくまでも経営者の立場に立った経営学が重要だと思います。もう1つは、多様性を尊重、調和した視点が絶対的に必要だと思います。学問上のイデオロギー

で対立が多いですが、本来の姿は社会科学なので多様な解は当たり前だと思います。これが前提の経営学が望まれます。

土屋：とても面白い視点だと思います。私も経営学を研究してきて少しずつ見えてきたことは、経営学は多様な視点をつくることが役割だと思います。もちろん、時代によって求められることが変わるかもしれませんが、限られた資源で最大かつ多様なメリットを出す、ここが必要ではないかと思います。自然科学のように答えが一つというよりは、いくつもある答えの中から総合的に考える必要があります。経営者はもちろんのこと、従業員も経営学的視点を持つ必要があります。そうすればもっと多様な意味での効率的な組織ができます。多様な答えがあるからこそ、学問なのかという批判はありますが、それが経営学であり、社会の要請にも応えていると思います。

明山：社会科学ですからね。

カンデル：結局、経営学は人間をどのように扱うかという側面があります。経営者に対して組織のメンバーから文句が出ないような仕組みづくりもあると思います。しかし、人間を扱うから思い通りにはできないのも事実だと思います。どれが良いとか、どれが一番かはわかりません。今日では、ハラスメント、プライバシーなどがあり、より複雑になって関係が薄い社会に向かっていると思います。

土屋：組織というものの効率化とともに多様なことが求められていると思います。複雑化していて、経営学を一言でいい表すことは困難だと思います。ただ、従業員も経営者視点の考え方を持つべきだと思います。絶対にこの視点は求められると思います。実質的に権力や権限がないとしてもです。起業家精神のような。

カンデル：それは文化もあると思います。日本はボトムアップで意見をいうこともあります。欧米はトップダウンです。国によって変わってくるといえます。それらも含めて考えるのがわれわれの役割だと思います。

土屋：国により経営学も色付けられるということですね。少し戻ると人間を扱う以上、

ハード面とソフト面を双方考慮に入れる必要があり、多様性が求められると思います。そこには必ず、多様な視点が要求されます。最後に、これらの経営学は実社会に通用するかという視点で議論をしたいと思います。一般的に、経営学は実践学といわれ、すぐに現実として応用できるかどうかを求められることが多々あります。処方箋のような側面です。これまでの経営学に関する議論は、考え方の基準や基点であったと思います。ここに関してはいかがでしょうか。

**明山**：経営学は多様です。答えは一つではありません。

**土屋**：そういう意味でいうと、医学は医学という技術を教えています。経営学はそういう部分を含めて、より大きい概念の学問でしょうか。

**明山**：社会科学なので社会全体を見ています。経営者の視点に立とうが社会全体を見ているので、すべて経営者の役に立つとは限らないと思います。技術論の範疇は当然超えているといえます。

**土屋**：それこそ、ドラッカーですね。ありがとうございます。もう2時間以上議論したと思います。本日はここで終わりにしたいと思います。先生方、ありがとうございました。

# あとがき

　2016（平成28）年3月に博士（経営学）の学位を授与された。実は大学1年時から、より高い学位を取りたいという気持ちがあり、大学院に進学することは決めていた。しかし、それは劣等感をもとにした決断や私のただのプライドで、勉強が得意というわけでもなく、むしろ友人と毎日のように遊ぶことが生きがいであった。つまり、「自分はこうなりたい」という気持ちと「面倒くさいから遊ぼう、やっても意味がない」という現実から逃避したい気持ちが共存していた。ただそれでも、「自分は周りとは違う、特別だ。自分ならできるのではないか」という、まったく根拠のない自信が常に心のどこかにあった。

　大学院に進学すると、研究が生活の中心になった。研究には作法があり、型があることを初めて知った。「私がこう思うからこうだ」という主張を作法にのっとり、形式を整えて主張しなければならない。そうしなければ、誰も聞いてはくれず、見てもくれない。まずは、研究作法から学ぶことから始まった。自由奔放に生きてきた私にとっては、とても窮屈で、何のためにやっているかもよくわからなかった。「自分の思ったことを素直にいえばいい」と毎回のように思っていたが、それは研究ではなく、ただのわがままであった。

　大学院に在籍中、私は周りに「博士号をとって大学教員になる」とふれ回っていた。これは、有言実行するという強い気持ちもあったが、大口を叩くことで、自分自身にプレッシャーをかけていた。「口にしたのに達成しなかった」「口だけ」と評価されるのではないかと思い、そうならないように、研究をするしかない環境をつくっていった。このような環境下で、社会人になった同級生が周りで遊んでいても、一人研究室で休むことなく地道に研究書を読みあさった。気が付くと頬が濡れていたこともあった。何度も辞めたいと思ったが、そのときに「口だけの人間」といわれる恐怖感が、常に辞めたい気持ちを上回っていた。かつ、逃げる自分自身を許せなかった。

　その後、周りの多くの方のご支援により、大学教員になれることができた。大学教員にとって教育は、研究と同等に重要な業務の一つである。研究は、個

人で完結できることが多いが、教育は対人的である。つまり、自身が正解と思って提供したことも、相手にとっては不正解の場合も多々ある。もっというと、同じ内容であっても「この先生だから聞かない」「この先生だから聞く」といった、より感情的な選択がされる場合もある。もちろん、教育は研究内容や教え方の質の問題もあるが、つまるところ人間関係も大いに含まれることを再認識した。

　今思えば、昔から人間そのものに対する興味があった。人は何を思い、何を考え、実行するのか。同じ事象に対しても、それに対する評価が人により異なるのはなぜか。このようなことに以前から大きな興味があった。大学を選ぶ際に経営学部と心理学部で悩んだことも、この影響からである。経営学の中でも、人間を分析の中心とするのは組織であったことから、組織論に傾倒し、バーナードを研究の中心としたのも、そこに人間がいたからである。数値では表現しきれない不思議な人間に大きな関心があった。いかに感情を押し殺しても、合理的に考えても、人間は人間という枠を越えることはできないのである。

　本書においても、人間というテーマは各章の根底に存在している。一般的に人間そのものの感情的側面や人間協働など、関数に人間を含むことは科学との相性が悪い。それは、人間を構成する社会的要素の多量さ、その複雑さ、さらに要素が変数であることや、変数同士の相互作用で予期もしない要素が発生したりするといった側面があるからである。経営学はこのような人間を結局は対象としなければならないし、そこから逃れることはできない。

　今日、経営学に関する「ハウツー（How to）もの」の著書が多くある。経営学を道具として捉え、課題解決を直接的かつ、直線的に行う手法がまとめられている。確かに、その部分だけを切り取れば、課題発見から課題解決まで意図的に直接的に結びつけることは可能である。しかし、経営そのものは全体事象であり、部分ではない。例えるならば、稀代のヒットメーカーであったイチローのバットを手に入れたからといって、すぐさまヒットメーカーになれるわけではない。その道具を使用する人間の日々の鍛錬があってこそ、その道具が活かされるのである。道具は、いかなる状況においても道具である。

　テイラーの科学的管理法の一側面、時間研究と動作研究はまさしく、道具の

話である。これまで、成り行きという感覚で行われきた経営の中で、数値化できる箇所を数値化にした功績は今後も色あせることはない。問題は、その数値化をどの程度、経営に落とし込むかである。多くの経営において、数値は部分であり、全体ではない。特に、人間が関わっている分野に関しては、人間すべてを数値化してしまう愚かなことはしてはならない。結局はこの数値化という道具を、誰が、どのように、どのタイミングで、何のために使うかが重要であり、数値と非数値のバランスをどのように扱うかが問題である。すなわち、これが管理者、経営者の大きな役割と思われる。

　上記のような数値と非数値を組織に取り込んだのが、バーナードであった。彼は人間を感情のある主体として協働体系に取り込んだ。それゆえ、論理展開が複雑になったのである。全体事象である経営は、その構成要素に多様なものを含むことになる。つまり、それにより組織そのものの境界は複雑になり、その境を明確にすることが困難になっている。これは、組織をどのように考えるかが問題となり、組織を生産装置と考えれば、その生産を構成する要素の範囲が組織の境界となり得る。しかし、今日では組織に対する入力と出力が多様化しており、その関係性として組織を捉えた場合、境界は無制限といわざるを得ない。一言で組織といっても、その組織の行動様式により多様であることを、再度認識する必要がある。その際に、組織を抽象的概念と捉えるか、具体的実態と捉えるか、というバーナード組織論の根底問題に行き着くのである。

　本書では、組織の見方の一つとして生態学アプローチを試みた。生物がその枠組みを維持し、持続的に生存を可能とする理論生物学上の見地を応用した。端的に応用しただけであり、今後はその適合性を大いに考察する必要がある。組織論をさらに発展させ深化させるには、このような他分野からのアプローチが欠かせない。ただし、クーンツがいったように、それらをいかに統合させるかが重要であり、経営学自体がこれまで大きく悩んできたことである。集めるのは簡単だが、それを組み立てるのが困難である。しかし、その"くぎ"となるものは人間そのものであり、人間を無視することはできない。つまるところ、人間そのものの問題であり、経営学は人間の問題である。

　本書の執筆を通じて、今やっと、経営学における組織、管理の扉の前に立っ

た気持ちであるが、それでもまだ扉の前に立っただけである。これから私はド
アノブを握り、その先でさらなる研究を進めていきたい。

　最後に、本書はこれまでの研究の一つの成果として出版するものであるが、
学部生時代、院生時代を通して最高のご指導をいただいた田中則仁先生、海老
沢栄一先生、楠本雅弘先生をはじめ、多くの先生に改めて御礼を申し上げたい。
また、これまで出会った仲間、特に新潟で出会った仲間や、本書の出版にあた
り大変お世話になった株式会社みらい代表取締役の竹鼻均之氏、企画部の西尾
敦氏にも御礼を申し上げる。そして、私のわがまま、行末を忍耐強く見守って
くれた、父好史、母綾子、妹茜、姪凛乃に感謝をしたい。今の私が存在するの
は、先生方、仲間、家族の支えのおかげである。私を支えてくださっているす
べての方々に心からの感謝を申し上げるとともに本書を捧げたい。


　2023年1月

土屋　翔

# 著者紹介

**土屋 翔**（つちや しょう）

1988年　静岡県生まれ
神奈川大学大学院経営学研究科博士前期課程修了　修士（経営学）
神奈川大学大学院経営学研究科博士後期課程修了　博士（経営学）
新潟国際情報大学経営情報学部経営学科専任講師を経て、現在、
宇都宮大学大学教育推進機構基盤教育センター特任講師
専門　経営組織論、農業経営、地域活性化

## 経営組織・管理に関する一考察

| | |
|---|---|
| 発　行　日 | 2023年２月14日　初版第１刷発行 |
| 著　　　者 | 土屋 翔 |
| 発　行　者 | 竹鼻 均之 |
| 発　行　所 | 株式会社みらい |
| | 〒500-8137　岐阜市東興町40番地　第５澤田ビル |
| | 電 話　058-247-1227 |
| | FAX　058-247-1218 |
| | https://www.mirai-inc.jp/ |
| 印刷・製本 | 西濃印刷株式会社 |

定価はカバーに表示してあります。
乱丁・落丁本はお取り替えいたします。
©Sho Tsuchiya 2023. Printed in Japan
ISBN978-4-86015-594-0 C3034